Felix Arrieta Frutos y Maider Maraña Saavedra (eds.)

Juventud, convivencia, futuro

UN PROCESO DE CO-CONSTRUCCIÓN EN EUSKADI

COLECCIÓN INVESTIGACIÓN Y DEBATE

FUENCARRAL, 70
28004 MADRID
TEL. 91 532 20 77
WWW.CATARATA.ORG

JUVENTUD, CONVIVENCIA, FUTURO.
UN PROCESO DE CO-CONSTRUCCIÓN EN EUSKADI

ISBN: 978-84-1067-024-2
DEPÓSITO LEGAL: M-10.953-2024
THEMA: JHB/1DSE-ES-R/GTU

ÍNDICE

PRÓLOGO*

HITZAURREA

Irakurtzen hasi berri zaren liburua ez da oso ohikoa, ezta berau idatzi dutenak ere. Aieten hasi zen dena, gero Gernikan jarraitu genuen, eta ondoren, Gasteizen. Ostera, proiektuak beste noranzko ugari jarraitu ditu: Bilbo, Arantzazu... eta atzerriraino ere heldu da. Nork esango zigun 2022ko urtarrilean lehen aldiz bildu ginenoi Bosnian bukatuko genuela bide osoan zehar egindako kilometroak kontatzen. Bizitzako hainbat gauzekin gertatzen den moduan, liburu hau fenomeno ezagun baten emaitza dela esan dezakegu, denoi noizbait gertatu zaiguna: ezetz esaten ez jakitea. Eta, bizitakoak bizi ondoren, eskerrak ezetz esan ez genuela. Areago, denari baietz esaten diogu eta hitzaurre bat idatzi beharrarekin topatu gara. Bi urte inguru iraun duen egitasmo honek irakaspen asko utzi dizkigu, eta ez litzateke bidezkoa izango gure esperientzia ezerezean geratzea, isilik, ikasitako guztia partekatu gabe. Liburu honek horixe bera du xede: elkarbizitzaren gainean, elkarbizitzarengatik, eta elkarbizitzari esker egin dugun proiektua gizarteratzea[1].

---

* Este prólogo mantiene el idioma original en el que las y los jóvenes se expresaron [N. del E.].

1. "El libro que acabas de empezar a leer no es muy común, ni siquiera los que lo han escrito. Todo empezó en Aiete, luego seguimos en Gernika, y después, en Vitoria. En cambio, el proyecto ha seguido otros muchos sentidos: Bilbao, Arantzazu..., y ha llegado hasta el extranjero. Quién nos iba a decir a los que nos reunimos por primera vez en enero de 2022 que acabaríamos en Bosnia contando los kilómetros

El proyecto ha contado con la participación de un pequeño, pero peculiar grupo de jóvenes. Y decimos peculiar porque, al fin y al cabo, ¿quién dice que 'sí' a tomar parte en una reunión, un sábado por la mañana, sobre la convivencia y sin saber muy bien de qué trata? Nos juntamos sin saber cuál era nuestro objetivo, pero dijimos que sí. Ninguno sabía a lo que iba y, aun así, nos pudo la curiosidad. Desconocíamos las vidas y contextos de unos y otros; la única certeza que teníamos era que, siendo todos diferentes, nos importaban los derechos humanos, sociales y la convivencia sobre ellos. Hay quien dice que tenía claro que si Ainhoa, Maider y Felix eran capaces de reunir a una docena de jóvenes interesados y dispuestos a trabajar sobre la convivencia, aquello sería cualquier cosa menos aburrida. Sin embargo, costaba definirlo y explicárselo a nuestros amigos y familias: "Sin pies ni cabeza", ese es el nombre que le pusimos a nuestro chat grupal hace dos años. Pero maravillosa curiosidad... Quién diría entonces que todo esto llegaría a tener tanto sentido ahora.

Durante dos años hemos ido construyendo un espacio donde poder compartir y escuchar, repensar y resignificar lo que nosotros, un grupo diverso de jóvenes de Euskadi, entendemos por convivencia. Quedada a quedada, fuimos dando rienda suelta a expresar qué era para el grupo la convivencia, haciendo también un gran trabajo interno de reflexión, donde debatir con equidad y escucha activa fueron grandes aliados para ir construyendo el cuerpo y las bases de este proyecto. Reunión a reunión, hemos dado forma y contenido a nuestro proyecto a la vez que nos conocíamos unos a otros y aprendíamos entre nosotros. Teniendo cada uno algo enriquecedor que aportar, hemos construido un material que también ha reflejado una convivencia entre nosotros,

---

recorridos a lo largo de todo el camino. Al igual que ocurre con muchas cosas de la vida, podemos decir que este libro es el resultado de un fenómeno conocido que a todos nos ha ocurrido alguna vez: no saber decir que no. Y, después de las experiencias vividas, menos mal que no dijimos que no. Es más, decimos sí a todo y nos encontramos con la necesidad de escribir un prólogo. Este proyecto, que ha durado cerca de dos años, nos ha dejado muchas lecciones y no sería justo que nuestra experiencia quedara en nada, en silencio, sin compartir todo lo aprendido. El objetivo de este libro es socializar el proyecto de convivencia por y para la convivencia" [Trad. del E.].

simbolizando así, aunque a menor escala, la convivencia que intentábamos definir.

Podríamos decir que la convivencia es el trabajo de una vida. Es un respeto mutuo donde todos tenemos que aprender a movernos en un ritmo sin pisar a los demás. La convivencia es compartir las experiencias que nos hacen mejores, respetándonos entre todos, compartiendo y disfrutando juntos. La convivencia a menudo nos enseña a ser pacientes, como cuando alguien se olvida de los límites, y aprendemos a respirar profundo y a recordar que todos cometemos errores. Por supuesto, la convivencia no siempre es un camino de rosas. A veces hay discusiones y malentendidos, pero es como una montaña rusa: subes y bajas, pero al final, siempre hay risas y diversión. En resumen, la convivencia es un viaje en el que compartimos momentos buenos y malos, pero lo importante es que lo hacemos juntos, olvidándonos de los malos rollos. Es como una canción que todos cantamos. Aunque a veces desafinamos, al final del día, la melodía de la canción es como la de la vida, y es más hermosa cuando la compartimos todos. Convivencia es voluntad de convivir.

Tal vez el contexto actual no sea el más favorable para conseguir este objetivo. Las nuevas generaciones de Euskadi nos enfrentamos a un paradigma de irrefrenable evolución social que se traduce en una cosmovisión cambiante, sin tiempo ni espacio para desarrollar un ideal de vida. Esta frontera, a la que se unen problemáticas de carácter político y cultural, genera una sensación de impotencia y de inestabilidad que debe ser abordada desde todos los niveles de la sociedad, desde la unidad familiar, hasta las instituciones. Este libro, el cual recoge una aproximación a los principales obstáculos a los que nos enfrentamos los jóvenes vascos, creemos es un primer paso necesario para sentar las bases de una hoja de ruta que aborde el tema de la convivencia de una forma general y terrenal.

Es innegable que vivimos una época de enormes tribulaciones, tensiones y desafíos de carácter político y social que nuestra sociedad parece no llegar a solventar década tras década. Siempre que parecemos alcanzar un consenso, brotan elementos que nos hacen retroceder a la casilla de salida, como si realmente fuera imposible lograr un *statu quo* apto para todos. A ello se suma que la sociedad vasca vive aún las consecuencias de una tensión social heredada de décadas de conflicto. Pero hacer frente a ideas no conlleva necesariamente enfrentarse a personas. Es imprescindible que nos volvamos a ver como humanos. Consideramos a nuestros contrarios como seres desalmados, meras bestias, y esto es incompatible con lo que buscamos. Esta iniciativa ha ayudado a defender algo que es básico para la solución de nuestros conflictos: la humanidad. Es en este principio, el de nuestra común condición humana, en el que debemos construir la nueva sociedad.

De hecho, nuestro grupo es la demostración empírica de que existe una sociedad vasca que puede convivir a pesar de las más profundas de las diferencias. Se nos ha dado la oportunidad de entender la convivencia desde una perspectiva compartida, desde realidades y contextos diversos hemos ido construyendo nuestro propio significado. Hemos visto que nuestra historia condiciona totalmente la sociedad que somos hoy, y a su vez, lo que somos condicionará inevitablemente el futuro. Como la juventud que vivirá el futuro, pero que también vive en el presente, tenemos la oportunidad (y la responsabilidad) de construir juntas una memoria colectiva en la que todas las voces sean escuchadas.

Gure proiektu honetan denon ahotsak jaso nahi genituen, denon bizipenak. Ezetz esaten ez dakigunon ahotsak entzun dira. Ahots anitzak eta aberasgarriak jaso nahi izan ditugu. Formula asmatzea ez da erraza izan, eta baliteke asmatu ez izana. Agian gauza asko dira jasotzeko. Beharbada, guk ondo azaltzen ere ez dugu jakingo. Hobekuntzak eta aldaketak proposatu ditugu prozesuan zehar etorkizunean gizarte segurua eta inklusiboa eraikitzeko asmoz, gaur egun garenen eraldaketarako, etorkizuneko onurarako eta izan zirenen oroimenerako. Ez dakigu aldaketa nabarmenik somatuko den ala ez, baina argi dugu talde honen helburu nagusia bete dela: gazteriaren presentzia, eta parte hartze aktiboa zein positiboa nabarmentzea.

Bitxia da elkarbizitzarekin gertatzen dena. Akaso, definitzea buruhauste bat da; praktikan jartzea, aldiz, ez da horren zaila. Neurri handi batean, ahotsak entzun eta ezagutzean datza. Ahots femeninoak, maskulinoak, eta gauza bat edo bestea ez direnenak; goian daudenenak eta, batez ere, behean daudenenak; kaleko ahotsak, kanpotik datozenenak, kulturgintzakoenak, kirolarienak, borroka sozialean dabiltzanenak, gazteenak eta, beti, literaturak eskaintzen dizkigunak[2]:

> Nire aurrean zuhaitz erraldoia dago. Eskuinean bertara sartu baino lehenago pasa beharreko ur iturria. Bertan jendea makurtu eta urarekin erlazioa sortzen du. Zapatak eta galtzerdiak kendu eta oinak garbitzen ditu. Ostean, eskuineko besoa eta ezkerrekoa. Aurpegia ere bertan murgiltzen dute. Hiru aldiz ahoa, sudurra eta begiak garbitzen dituzte; azkenik, belarriak. Otoitz egitera beranduxeago heltzen direnek ere prozesu berdina egiten dute. Ura izugarri fresko dago. Badirudi oso gustura sartzen dela harremanetan gorputzarekin. Edateko ere oso aproposa.
>
> Emakumeak ezkerretan, gizonezkoak eskuinean. Espazio sakratua-espirituala-bertakoa. Genero ohiturak. Umeak eta katuak ere bertan dabiltza; gora eta behera, korriketan, lau hanketan. Hanka-hutsik daude. Gorputz osoa erabiltzen dute otoitz egiteko. Kolore guztietako zapiak daramatzate. Zaintzen arrastoa

2. "En nuestro proyecto queríamos recoger las voces de todos, las vivencias de todos. Se han oído voces de los que no sabemos decir que no. Hemos querido recoger voces múltiples y enriquecedoras. Acertar la fórmula no ha sido fácil y puede que no lo haya sido. Quizá son muchas cosas que recoger. Quizá ni siquiera sepamos explicarlo bien. Hemos propuesto mejoras y cambios a lo largo del proceso con el objetivo de construir una sociedad segura e inclusiva en el futuro, para la transformación de los que hoy somos, para el beneficio futuro y para la memoria de los que fueron. No sabemos si habrá cambios significativos, pero sí tenemos claro que el objetivo principal de este grupo se ha cumplido: la presencia de la juventud, y destacar la participación tanto activa como positiva.
Es curioso lo que ocurre con la convivencia. Tal vez definir es un quebradero de cabeza, mientras que ponerlo en práctica no es tan difícil. Consiste en gran medida en escuchar y reconocer las voces. Voces femeninas, masculinas y de los que no son una cosa u otra; de los que están arriba y, sobre todo, de los que están abajo; voces callejeras, de los que vienen de fuera, de los de la cultura, de los deportistas, de los que andan en la lucha social, de los jóvenes y, siempre, de los que nos ofrece la literatura".

ezkerrean presente. Atzerritarrak sartu eta atera gabiltza haiek erdigunean kokatzen duten espazioan. Alde zaharreko erdigunean gaude eta hau da haien topagunea[3].

Bosnia gogoratuz bukatuko dugu gure hitzaurrea. Han ikusi eta ikasitakoak gurera ekartzeak baduelako zentzurik. Haiek nozitutakoak guk ere lehen pertsonan bizi (izan) baitItugu. Azken batean, elkarbizitzaren auzia ez delako batzuena edo besteena, denona baizik. Ahalegin zintzo eta umila egin dugu proiektu honen inplikazio pertsonalak jasota gera daitezen, egindako ibilbidea (Aietetik Sarajevora) mapan gera dadin. Eta dena, ikasitakoak zabaltzeko eta elkarbizitzaren oinarriak indartu eta sustatzeko. Ez dakigu izan gaitezkeen orainaren eta geroaren[4].

JÓVENES PARTICIPANTES

3. "Delante de mí está el árbol gigante. A la derecha la fuente de agua que debe pasar antes de acceder a ella. Allí la gente se agacha y crea una relación con el agua. Se quita los zapatos y calcetines y se lava los pies. A continuación, el brazo derecho y el izquierdo. También sumergen la cara en ella. Tres veces se lavan la boca, la nariz y los ojos; por último, las orejas. Los que llegan un poco más tarde a rezar hacen el mismo proceso. El agua está increíblemente fresca. Parece que entra muy a gusto en contacto con el cuerpo. Ideal también para beber.
Mujeres a la izquierda, hombres a la derecha. Espacio sacro-espiritual-autóctono. Hábitos de género. Los niños y los gatos también andan por allí; arriba y abajo, en las corridas, en las cuatro patas. Están vacías de piernas. Utilizan todo el cuerpo para rezar. Llevan pañuelos de todos los colores. La huella de los cuidados presente a la izquierda. Los extranjeros entramos y salimos en el espacio que ellos sitúan en el centro. Estamos en el centro de la parte vieja y este es su punto de encuentro".
4. "Terminaremos nuestro prólogo recordando Bosnia. Porque lo visto y aprendido allí tiene sentido. Porque también nosotros vivimos (somos) en primera persona lo sufrido por ellos. En definitiva, porque la cuestión de la convivencia no es de unos ni de otros, sino de todos. Hemos hecho un esfuerzo sincero y humilde para que las implicaciones personales de este proyecto queden recogidas, para que el recorrido realizado (de Aiete a Sarajevo) quede en el mapa. Y todo para difundir los aprendizajes y fortalecer y fomentar las bases de la convivencia. No sabemos si podemos ser muestra del presente y del futuro; sí, en cambio, somos representación".

MIRADA DESDE LO INSTITUCIONAL

No es para mí un prólogo más. El proyecto Juventud, Convivencia, Futuro ha sido durante estos últimos años una de las niñas bonitas de mis ojos. Hoy escribo agradecido y con la satisfacción del deber cumplido. Satisfacción en la que se aúnan una aportación institucional al reto comunitario de más y mejor convivencia, y también una experiencia personal altamente gratificante y enriquecedora.

El punto de partida lo sitúo en una convicción. También doble: institucional y personal. Socialmente pareciera que sobre la convivencia solo podían/podíamos tener voz autorizada las personas de aquellas generaciones que vivimos en primera persona la sinrazón del terrorismo y la violencia política en Euskadi. Y claro, con los mismos mimbres, el resultado era un mismo cesto.

Asumida la responsabilidad de la Viceconsejería de Derechos Humanos, Memoria y Cooperación del Gobierno Vasco, en el equipo pensamos: ¿por qué no dar voz a los y las jóvenes?, ¿por qué no mirar a través de sus miradas?, ¿por qué no dejamos que sean ellos quienes se hagan las preguntas y traten de encontrar las respuestas?

Así se gestó el proyecto. Un proyecto que, gracias a la disposición, a la competencia y a la generosidad del equipo de jóvenes que lo ha desarrollado, superó muy pronto las expectativas iniciales. Yo estaba equivocado. No se trataba solo de aplicar la perspectiva de la juventud a nuestra mirada al pasado —que también—. Se trataba, ante todo y sobre todo, de ir más allá, de superar fronteras, de volar libres. Se trataba de aproximarnos a las claves de nuestro modelo futuro de convivencia trascendiendo de un concepto de convivencia referido única y exclusivamente al conflicto o a la violencia política. La convivencia adquiría así una nueva y más amplia dimensión.

Ciencia y método, *cuanti* y *cuali*, razón y corazón; el proyecto se ha desarrollado a través de múltiples líneas complementarias de trabajo, algunas de las cuales se reflejan en esta publicación. De entre todas ellas ha habido una especialmente relevante, original, clave diría yo. La propia dinámica del grupo. Un grupo de una quincena de jóvenes que no se conocían de antemano y que se embarcaron en una aventura colectiva. Una aventura que afectaba no solo a la epidermis, sino a lo más profundo de sus ideas y sentimientos.

Habláis de un decálogo, de unas normas que consensuasteis para hacer posible y disfrutar del viaje. No imposición, no exclusión, respeto, escucha, apertura, diálogo, reflexión, empatía, evitar prejuicios y voluntad de construir juntos.

Y, ciertamente, construisteis sobre bases sólidas. Reflexionasteis sobre la convivencia, pero, lo que es tan o más importante: practicasteis la convivencia. Pusisteis en práctica un verdadero experimento social a pequeña escala sobre aquello que iba a ser vuestro objeto de análisis. Solo por ello, el proyecto había merecido ya la pena.

Y luego vinieron los resultados: el documental, que presentasteis el pasado 21 de febrero en el Palacio de Aiete de Donostia, y ahora esta publicación. Me quedo con vuestro universo conceptual. Y como resumen me quedo con el símil de *etxea*-casa. No, lógicamente, en su dimensión arquitectónica y material, sino en su concepción de hogar. Porque hogar significa voluntad de vivir juntos, de compartir, de participar. Significa diversidad, en la acepción más radical y holística del término. Y significa voluntad de construir entre todos y todas, desde la singularidad y la libertad de cada uno al servicio de la comunidad y la libertad de todos. Una casa que quisisteis además cimentar sobre dos pilares sólidos, justos: el compromiso con los derechos humanos y con valores éticos y democráticos.

Me gusta vuestro modelo de casa. En ella cabemos todos y todas. Sus puertas están abiertas. Sus ventanas miran a un futuro no escrito.

No he tenido el gusto de conoceros en profundidad. Pude compartir unos pocos días con algunos de vosotros y vosotras en Bosnia. Prácticamente nada más. He/hemos tratado de cumplir con la palabra dada: que tendríais absoluta libertad, que en el camino no ibais a encontraros con ninguna interferencia nuestra. Me siento orgulloso de haber cumplido esa palabra dada y de que os hayáis sentido libres, aunque en mi fuero interno intuyo que he perdido la oportunidad de convivir, aprender y disfrutar con vosotros y vosotras.

Y me vais a perdonar —sé que lo hacéis— por dedicar mis últimas palabras a Maider, a Felix y a Ainhoa. Sabíamos en manos de quien nos poníamos, que la apuesta era segura. El barco ha llegado al puerto que los y las jóvenes habéis querido. Pero habéis dispuesto de unas excelentes cartas de navegación y un cielo estrellado: Maider, Felix y Ainhoa.

José Antonio Rodríguez Ranz
Viceconsejero de Derechos Humanos, Memoria
y Cooperación del Gobierno Vasco

INTRODUCCIÓN

MAIDER MARAÑA Y FELIX ARRIETA

La convivencia ha sido una inquietud durante largos años en nuestro país.

Un grupo diverso de entre 16 y 18 jóvenes se ha reunido durante 2022 y 2023 en encuentros discretos en distintas localizaciones para dialogar sobre qué es la convivencia y cómo abordar este reto clave para la Euskadi del siglo XXI.

Se trata de una experiencia real, única para sus participantes y que permite abrir ventanas para ir actualizando nuestro concepto sobre la percepción de qué significa convivir en Euskadi para las nuevas generaciones actuales.

Este proceso surgió en respuesta a una idea planteada por la Viceconsejería de Derechos Humanos, Memoria y Cooperación del Gobierno Vasco. A más de una década del fin de la violencia de motivación política en Euskadi, desde las instituciones y desde diferentes sectores sociales y académicos, nos movemos en la asunción que la juventud actual no siente su entorno igual que nuestra generación lo vio en aquellos años. Pero, sin embargo, no se sabe bien realmente cómo valora, comprende, dimensiona y narra su convivencia la generación que hoy tiene entre 18 y 30 años y habita esta Euskadi presente.

El proyecto, que finalmente se llamaría Juventud, Convivencia, Futuro, buscaba precisamente eso: intentar comprender el concepto de la convivencia entre jóvenes vascos.

Amparado por un plan de políticas públicas en materia de derechos humanos del Gobierno Vasco[1], este proyecto se enmarcó en su inicio en la idea de que la reflexión y el debate sobre la convivencia no puede ni debe ser monopolio de las generaciones que vivimos más directamente el ciclo de la violencia de motivación política que impactó en el País Vasco por décadas.

Este proyecto proponía dar voz a la juventud y desarrollar un proceso en el que las personas jóvenes fueran protagonistas de una reflexión y un debate libre y abierto sobre la convivencia en clave de futuro. Esta reflexión y debate debían estar sustentados sobre sus propios marcos conceptuales y vitales, sus visiones y su lenguaje. Esto es, el proceso asumía que garantizar un rol para las personas jóvenes en las reflexiones y debates en torno a la convivencia puede ser determinante para toda la comunidad en su conjunto, además de blindar con ello su participación en la construcción social.

Entendemos que la convivencia es un término amplio, diverso y polisémico, que va evolucionando con el devenir de la sociedad. La lógica nos indica que la generación joven vasca actual tendrá un entendimiento de la convivencia diferente al que vivieron otras generaciones que enfrentaron un conflicto violento de motivación política y terrorismo, o aquellas generaciones que no conocieron de cerca las migraciones internacionales actuales o las evoluciones en materia de identidad de género o diversidad de orientación sexual, la aparición de redes sociales o la hiperconexión, entre muchos otros cambios. Este proceso y el estudio vinculado a él que se presenta en este libro busca, por tanto, comprender cómo las personas de entre 18 y 30 años viven y comprenden en la actualidad esta convivencia.

1. El Plan Udaberri 2024. Plan de Convivencia, Derechos Humanos y Diversidad (2021). Disponible en: https://lc.cx/6TyDti. Ese Plan Udaberri, presentado en 2021, identificaba en su Línea 8 la necesidad de "Formar, sensibilizar y empoderar a la ciudadanía para activar su compromiso con los derechos humanos". En ese campo, su punto dos (8.2) ponía el foco específicamente en la juventud y planteaba su voluntad de impulsar la "construcción de una juventud consciente, participativa y transformadora". En su narrativa, el plan nos recuerda que la juventud es "sujeto y actor del modelo de convivencia futura".

Así, no hay duda de que la convivencia es un eje fundamental para la construcción de la Euskadi del futuro. Este *leitmotiv* es repetido como un mantra por diferentes sectores, ideologías y agentes en estos últimos años. Pero para ello es necesario construir espacios donde, articulando las cuestiones fundamentales que constituyen nuestra memoria como sociedad, se puedan establecer los pilares de lo que supone la convivencia en la segunda década del siglo XXI. Y para ello, una clave de articulación indispensable reside en las personas jóvenes y en su comprensión de qué entienden por convivir.

Consideramos que es necesario (re)construir el significado de la convivencia aplicando variables que tal vez se nos hayan escapado en los procesos trabajados hasta la fecha. Porque es imprescindible combinar esta convivencia reinterpretada con los elementos clave de nuestra memoria reciente. Hay que pulsar el latido de las personas jóvenes.

Este libro recoge los principales resultados de esa iniciativa de dos años, junto con artículos que enmarcan esos datos que compartimos. Por un lado, los prólogos han sido construidos por voces claves del proceso: en primer lugar, como no podía ser de otro modo, la de los y las propias jóvenes que participaron mes a mes en esta iniciativa de reflexión; por otro lado, se cuenta con la mirada de quien desde el Gobierno Vasco, con un perfil académico y facilitador, generó el marco y el camino para que este proyecto pudiera llevarse a cabo durante dos años, José Antonio Rodríguez Ranz[2]. En esa iniciativa, junto a él, Monika Hernando Porres[3] aportó la mirada y el bagaje de la evolución de políticas de derechos humanos y del rol de la sociedad en esa construcción en los últimos años en una Euskadi en permanente cambio.

Los dos facilitadores de este proceso, Felix Arrieta y Maider Maraña[4], asumimos la narrativa del proceso, para dar luego

2. Viceconsejero de Derechos Humanos, Memoria y Cooperación del Gobierno Vasco durante la legislatura 2020-2024.
3. Directora de Derechos Humanos, Víctimas y Diversidad del Gobierno Vasco entre 2013 y 2023.
4. Maider Maraña es directora de la Fundación Baketik y desarrolló este trabajo como parte de su consultora Montevideando. Felix Arrieta es politólogo y profesor de la Facultad de Ciencias Sociales y Humanas de la Universidad de Deusto.

espacio a la mirada joven de Ainhoa Gomez Izagirre, participante de estos dos años, como puente entre lo institucional y las personas jóvenes, y que ya desde el título de su capítulo reivindica estas voces.

A continuación, se suman a esta aventura dos investigadores que aportan lecturas sobre la realidad de la convivencia y la violencia de motivación política, a través de los ojos de Eider Landaberea Abad, y la realidad de la diversidad y la interseccionalidad, planteada en las palabras de Sergio Campo Lladó.

El libro continúa con un detallado análisis de los resultados de los procesos de entrevistas en profundidad que se desarrollaron por parte del grupo de jóvenes y los facilitadores durante esos dos años, analizando de manera cualitativa las percepciones de líderes sociales, culturales y políticos actuales. A esto se le suma la presentación de los datos obtenidos en una encuesta que se desarrolló en 2022 en Euskadi, impulsada por este mismo proyecto, para conocer el entendimiento general de nuestra sociedad hacia conceptos como diversidad o convivencia.

Este documento que presentamos pone su mirada en las personas jóvenes de 18 a 30 años y que, en realidad, es atravesado por esa mirada, hasta el punto de que son las y los jóvenes quienes marcan la lectura y nos trasladan a su vez esa mirada: frente a prejuicios que indican que la juventud no se preocupa por el devenir social, por el resto, por el bien común, este estudio identifica que, cuando se permite actuar a las y los jóvenes, cuentan con suficiente criterio y solvencia para edificar una sólida propuesta de convivencia presente y futura.

Este libro es, por tanto, la compilación de una experiencia de dos años, narrada y creada por las dos personas que facilitamos y recorrimos esta aventura desde su inicio hasta su cierre, con el fin de generar una obra que permita adentrarse en la cosmovisión de (parte de) la juventud vasca de hoy sobre qué significa esto de ser joven, vasco y convivir en la actualidad.

CAPÍTULO 1

LAS VOCES DE LA JUVENTUD COMO REIVINDICACIÓN

AINHOA GOMEZ IZAGIRRE

En el escenario actual, marcado por una constante evolución social y tecnológica, los y las jóvenes nos encontramos en una encrucijada decisiva. Se dice que somos la generación del cambio, ávidos de oportunidades para expresarse y contribuir al desarrollo de la sociedad, pero ¿acaso la juventud no se ha caracterizado siempre por eso mismo?

Frente a la constante crítica por parte de las generaciones anteriores de que la juventud está paralizada, que es pasiva y que no muestra ningún interés por nada, es necesario reivindicar que las generaciones anteriores pueden no reconocer completamente las diversas formas en la que los jóvenes elegimos participar en la sociedad.

La tecnología ha transformado la participación, ofreciendo plataformas digitales, redes sociales y otros medios que permiten a la juventud expresar sus opiniones, conectar con otros y participar en causas de manera virtual. Sin embargo, estas formas de participación a menudo no son entendidas o reconocidas por las generaciones anteriores, que pueden medir la participación de los jóvenes según sus propios estándares y experiencias.

El miedo a lo desconocido puede estar en la raíz de esta falta de comprensión. Las generaciones anteriores pueden sentirse abrumadas o inseguras ante las nuevas formas de participación que la tecnología ha facilitado. Esto puede llevar a la crítica y a la percepción de que los jóvenes simplemente no están interesados en involucrarse, cuando en realidad están utilizando herramientas diferentes y adaptadas a su entorno digital.

Más allá de la movilización virtual, también se compatibiliza con procesos de participación más tradicionales, como este proyecto sobre la convivencia en el que hemos estado inmersos un grupo de jóvenes durante más de un año.

La participación en procesos como este se presenta como una herramienta para canalizar nuestras energías, cultivar la toma de decisiones colectivas y reivindicar la voz de la juventud en la construcción del presente y del futuro. La participación joven no es simplemente un acto simbólico, aislado, puntual, sino un pilar esencial para la salud de cualquier sociedad. Los procesos participativos no solo ofrecen una plataforma para que los jóvenes expresen sus opiniones y preocupaciones, sino que también fomentan el compromiso cívico.

Este tipo de procesos participativos con los jóvenes nos da la oportunidad de abordar directamente los desafíos y las preocupaciones a las que nos enfrentamos. Al involucrarnos en debates, mesas redondas y proyectos colaborativos, podemos identificar las tensiones sociales, las inequidades y las necesidades específicas que afectan a nuestra generación y a la sociedad en su conjunto. Esto nos permite proponer soluciones con un conocimiento profundo y directo de la realidad que vivimos. Estos procesos participativos nos permiten contribuir con perspectivas únicas, pero diversas, ya que entendemos de manera directa las problemáticas a las que nos enfrentamos: empleo, racismo, discursos de odio, violencia machista, identidades disidentes o la crisis medioambiental, entre otros.

La diversidad inherente en la sociedad enriquece estos espacios. Hemos participado jóvenes provenientes de diversas culturas, identidades, creencias y experiencias de vida. La diversidad en cualquier grupo puede ser un desafío, pero, al mismo tiempo, es una fuente de perspectivas y experiencias diversas que pueden enriquecer y fortalecer la toma de decisiones y conducir a resultados más inclusivos. Al considerar la diversidad en términos de discursos y puntos de vista, se abre la puerta a un diálogo más amplio y a la incorporación de una variedad más completa de ideas.

En un grupo diverso, las opiniones pueden divergir significativamente debido a la pluralidad de participantes. Este desafío puede hacer que alcanzar consensos sea más difícil, ya que la variedad de perspectivas puede generar tensiones. Sin embargo, este proceso también ofrece una oportunidad única para explorar un abanico más amplio de soluciones y considerar aspectos que pueden pasar desapercibidos en un grupo que comparte similares valores y vivencias. En definitiva, los consensos surgidos desde la diversidad de participantes son, generalmente, más sólidos y comprometedores que aquellos consensos que se adquieren desde la homogeneidad y pueden garantizar su éxito.

Estos espacios ofrecen un terreno fértil para el intercambio de ideas, la construcción de entendimiento mutuo y el fomento de la colaboración entre individuos con perspectivas, experiencias y antecedentes diferentes para llegar a consensos.

La participación de la juventud en los procesos de toma de decisiones es un indicador positivo de su interés en contribuir al desarrollo de la sociedad. Sin embargo, es común que muchos jóvenes perciban que sus opiniones y propuestas no son tomadas en cuenta de manera significativa, lo que puede generar un sentimiento de desconfianza o frustración tanto hacia los espacios de participación como hacia las instituciones. Esta percepción puede llevar a la creencia de que estos espacios son meramente una fachada, destinada a crear una imagen de inclusividad de las opiniones de la juventud.

No basta con tener a los jóvenes en una sala debatiendo y proponiendo; sus opiniones deben ser consideradas de manera significativa en la toma de decisiones. Esto implica no solo escuchar, sino también actuar sobre las propuestas, demostrando que sus contribuciones son valoradas y que tienen un impacto real en las políticas y acciones implementadas.

El trabajo que hemos desarrollado en este grupo entre jóvenes diversos es un ejemplo tangible de la convivencia positiva en una sociedad, actuando como microcosmos donde la diferencia se celebra y se transforma en una fuente de enriquecimiento. Podría decirse que el trabajo que se ha desarrollado ha puede calificarse como un laboratorio social donde se ha cultivado la convivencia positiva. Estos espacios no solo reflejan la realidad heterogénea de la sociedad vasca, sino que también han desempeñado un papel crucial en la formación de jóvenes conscientes, respetuosos y capaces de contribuir al bienestar común.

El elemento fundamental del trabajo que se ha desarrollado en este grupo ha consistido en debatir sobre lo que los jóvenes entendemos por *convivencia* en Euskadi. La diferencia generacional, una vez más, se manifiesta en lo que entendemos por convivencia, ya que para las anteriores generaciones la convivencia en Euskadi se ha ceñido a la derivada de las consecuencias que la violencia ha causado; mientras que para la juventud, la convivencia va más allá de la diversidad ideológica. A esta se le suman las realidades surgidas de un mundo globalizado.

La comprensión de la convivencia es un desafío constante en cualquier sociedad, y como jóvenes desempeñamos un papel crucial en este proceso. Nuestra participación en la construcción de la convivencia no solo es esencial, sino que también es un elemento transformador que puede dar forma a una sociedad vasca más cohesionada, tolerante, respetuosa y justa, donde el pasado, presente y futuro conviven.

CAPÍTULO 2

JUVENTUD VASCA, CONVIVENCIA DEMOCRÁTICA Y MEMORIA DEL PASADO RECIENTE DE EUSKADI

EIDER LANDABEREA ABAD

1. ALGUNOS DATOS COMO PUNTO DE PARTIDA

He decidido comenzar este capítulo con dos frases que tomo prestadas: "La sociedad vasca es clasista, machista, xenófoba y racista" (2023) y "La sociedad vasca es violenta" (2021). La autoría de ambas corresponde a la juventud de la Comunidad Autónoma de Euskadi que ve y describe de esta manera la sociedad vasca de hoy. La primera frase se concluye de las entrevistas realizadas a personas de 18 a 30 años del País Vasco en el marco del proceso denominado Gazteak, Elkarbizitza, Etorkizuna-Jóvenes, convivencia, futuro[1], cuyas conclusiones principales se publican en distintos capítulos de este libro. La segunda frase sintetiza los resultados de una encuesta realizada por Gazteen Euskal Behatokia-Observatorio Vasco de la Juventud a personas de 15 a 30 años del País Vasco con el objetivo de conocer la percepción de la juventud vasca sobre la violencia[2].

1. Gazteak, Elkarbizitza, Etorkizuna – Jóvenes, convivencia, futuro es la denominación del proceso de reflexión protagonizado por jóvenes de la comunidad autónoma vasca sobre la convivencia en Euskadi. El proceso, iniciado en 2022 y finalizado en 2024, ha sido codirigido por la Viceconsejería de Derechos Humanos, Memoria y Cooperación del Gobierno Vasco y la Universidad de Deusto.
2. Estas encuestas se realizaron a 4.918 jóvenes de 15 a 30 años de la Comunidad Autónoma del País Vasco (CAPV) en diciembre de 2021. Los datos fueron ponderados

Este informe revela que el 60% de los jóvenes vascos considera que la violencia está muy o bastante extendida en la sociedad vasca y un porcentaje similar (65%) afirma que la violencia está muy o bastante extendida en la juventud vasca. La violencia machista y la violencia homófoba ocupan, respectivamente, los primeros puestos del *ranking* con un 67,8% y un 63% de jóvenes que entienden que están muy o bastante extendidas. Les sigue la violencia racista con un 58,6% y la violencia política con un 48,7%. Cierra el *ranking* la violencia de motivación religiosa con un 17,7% de los jóvenes vascos que opina que está muy o bastante extendida. Asimismo, el informe apunta un dato interesante: los jóvenes vascos limitan la justificación del uso de la violencia a la autodefensa o a la defensa de los allegados. En estos casos, el 86,1% de las personas jóvenes de Euskadi justificaría el uso de la violencia. Sin embargo, únicamente el 13,2% de los jóvenes vascos justificaría el uso de la violencia como protesta ante alguna injusticia o como acto de reivindicación en general.

El cambio producido en este posicionamiento en las últimas tres décadas es significativo. Treinta y cinco años antes, en 1986, el 36% de la juventud vasca comprendida entre los 15 y los 19 años justificaba la violencia en "ciertas circunstancias"[3] (Elzo, 2014: 28). El descenso diacrónico en la justificación de la violencia, en general, y en el de la violencia política, en particular, es notable y apreciable tanto en el conjunto de la sociedad vasca como, específicamente, en la juventud vasca. En un artículo publicado por Uson en 2017, basado en un trabajo de campo realizado a finales de 2016[4], se señala que el 91% de la juventud vasca universitaria

---

para ajustarlos al reparto real de la población joven de la CAPV. Además, se organizaron tres grupos de discusión en los que participaron 23 jóvenes de entre 19 y 31 años. El diseño del estudio y el análisis de los resultados es del Observatorio Vasco de la Juventud, en colaboración con Ingartek Consulting S. L. El informe está disponible en: https://lc.cx/Gsju41.

3. En aquella encuesta, la formulación exacta era "justificación del terrorismo en ciertas circunstancias".

4. El trabajo de campo fue realizado en los meses de octubre y noviembre de 2016. Se realizó un muestreo no probabilístico. La encuesta fue realizada a 939 estudiantes de entre 18 y 29 años de los grados adscritos a facultades de Ciencias Sociales y de la Educación de la Universidad Pública del País Vasco-Euskal Herriko Unibertsitatea, Universidad de Deusto y Mondragon Unibertsitatea.

está totalmente o bastante de acuerdo con la afirmación de que "ningún proyecto político es más importante que el derecho a la vida de una persona". Asimismo, la frase: "Toda acción violenta que atente contra la dignidad de una persona debe ser rechazada" logra la adhesión de un 86% de las personas encuestadas, que se muestra totalmente o bastante de acuerdo con esta. El 79% de la juventud vasca universitaria se decanta por las opciones de totalmente o bastante de acuerdo ante la afirmación: "Estoy en contra de la violencia de ETA" y un 76% hace lo mismo ante la frase: "El Estado no debe vulnerar derechos básicos de las personas en nombre de la lucha contra el terrorismo".

Los datos parecen visibilizar que la juventud vasca está cada vez más sensibilizada ante la violencia y no justifica algunos comportamientos que han llegado a adquirir un estatus de "normalidad", por habituales, en décadas anteriores. La proporción de jóvenes en los que ha calado la cultura de la defensa de los derechos humanos ha aumentado de manera sustancial. Los motivos de estos cambios profundos y de largo recorrido no suelen ser ni simples ni únicos, pero los sociólogos que los han analizado coinciden en subrayar dos elementos a la hora de contextualizar este cambio en Euskadi: la labor educativa, entendida esta de manera global o del conjunto social, y el anuncio del "cese de la actividad armada" por parte de ETA en octubre de 2011, aunque el sociólogo Javier Elzo (2014: 35) subraya que la "evolución anti-ETA" es anterior.

Sin embargo, los contundentes porcentajes expuestos decaen y se polarizan más ante algunas percepciones concretas, a saber: el 49% de la juventud vasca universitaria se muestra poco o nada de acuerdo con la frase: "Me siento libre de expresar en público lo que pienso sobre el terrorismo y las vulneraciones de derechos humanos en Euskadi", frente al 44% que se muestra totalmente o bastante de acuerdo. Algo similar ocurre con la afirmación que sostiene que: "En la actualidad, en Euskadi vivimos una situación de paz". En esta ocasión, el 47% se decanta por las opciones de poco o nada de acuerdo, frente al 49% que se muestra totalmente o bastante de acuerdo con esta (Uson, 2017: 139-144). Llama la atención que alrededor de la mitad de la juventud vasca universitaria encuestada en un momento post-ETA no considera que Euskadi viva hoy una situación de paz, así como que manifieste que no se siente libre para expresar en público su opinión sobre la cuestión citada.

El mismo trabajo incluye información interesante sobre el conocimiento de la violencia política, el terrorismo y las vulneraciones de derechos humanos padecidos por la sociedad vasca en el pasado reciente. Un 80,5% de los jóvenes universitarios vascos ha seleccionado, en una escala de 1 (muy bajo conocimiento) y 5 (muy alto), las opciones 2 (32,9%) y 3 (49,6%) y, ante preguntas sobre hechos, acontecimientos, atentados o nombres de personas y organizaciones concretas, los jóvenes universitarios vascos optan de manera significativa por la respuesta: "No sabe/no contesta", siendo las preguntas de este apartado las que han acumulado el mayor número de soluciones de este tipo de todo el cuestionario. Simplemente, y a modo ilustrativo, el 50% de las personas jóvenes encuestadas optan por "No sabe/no contesta" cuando se les pregunta por el atentado de Hipercor; el 40% lo hace al ser preguntados por Miguel Ángel Blanco, el 38% al ser preguntados por los GAL y el 32% al ser preguntados por Lasa y Zabala. La juventud universitaria vasca encuestada indica que las fuentes de información más utilizadas para conocer esta realidad han sido los medios de comunicación (68%), la familia (59%) y las redes/internet (54%), seguidas por los amigos (35%) y el centro educativo (34%), y de manera ya muy residual se citan los libros (13%). Además, alrededor del 60% manifiesta no sentirse satisfecha con la información recibida sobre terrorismo, violencia política y vulneraciones de derechos humanos de nuestro pasado reciente; un 11% se muestra muy insatisfecha y un 49% elige la opción de respuesta: "Poco satisfecha" (Uson, 2017:130-138).

Aunque las muestras de las diferentes encuestas consultadas sean distintas y aún con todas las limitaciones de este tipo de estudios, las fuentes e informes aludidos nos presentan una fotografía de la juventud vasca (de entre 15/18 y 30 años) que considera que la violencia es un fenómeno extendido en la sociedad vasca y en la juventud vasca de hoy (refieren la violencia machista, homófoba y racista). Recordemos las dos frases que daban inicio al capítulo: "La sociedad vasca es clasista, machista, xenófoba y racista" y "La sociedad vasca es violenta". Pero los datos revelan también una juventud sensibilizada ante la violencia, que limita la justificación de su uso a la defensa propia o a la de allegados, y que ha asumido e interiorizado el discurso de apoyo y de respeto a los derechos humanos.

Sin embargo, cuando acercamos el *zoom* de la cámara a la realidad de violencia política padecida por nuestra sociedad en el pasado reciente, afloran detalles, matices, rasgos que forman parte, igualmente, de esa fotografía general. Me quedo con dos de ellos: todavía hoy, casi la mitad de la juventud vasca manifiesta no sentirse libre de expresar en público su opinión sobre terrorismo y vulneraciones de derechos humanos de motivación política, y la juventud vasca declara su insatisfacción por la información recibida sobre este pasado y demanda mayor conocimiento. Este último aspecto es el que sirve de base y de marco general del presente capítulo, que plantea un recorrido de idas y venidas por la memoria, los relatos, la transmisión y la Historia a partir de dos preguntas: para qué y cómo mirar a nuestro pasado reciente de violencia política.

2. ¿PARA QUÉ MIRAR A NUESTRO PASADO RECIENTE DE VIOLENCIA POLÍTICA?

Una primera respuesta a la pregunta planteada puede llevarnos a centrar el argumento en la atención a una necesidad y demanda de información y conocimiento expresada por la juventud vasca; por una generación que no ha vivido o no recuerda, por edad, la dolorosa realidad de la violencia de motivación política que, sin embargo, ha conformado el día a día de varias generaciones de vascas y de vascos. Pero la pregunta evoca un escenario de mucha tramoya y bambalina, y alude a una problemática de mayor complejidad: ¿por qué los individuos y las sociedades miran al pasado?, ¿por qué y para qué recordar un pasado concreto?, ¿por qué y para qué, en este caso, mirar a un pasado reciente traumático?

2.1. ¿PARA QUÉ MIRAR AL PASADO? PASADO, PRESENTE, FUTURO Y MEMORIA

Ni todas las sociedades han considerado el pasado como un tiempo distinto del presente ni esta consideración ha sido algo permanente en el tiempo. Esta distinción es una característica propia del pensamiento occidental. A nosotros, el pasado nos ha servido y nos sirve para mucho. Puede orientarnos como *magistra vitae*. Prolonga nuestra vida al ligarnos a acontecimientos y personas que nos antecedieron en el tiempo. Valida y legitima lo existente. El pasado nos ofrece familiaridad, porque sin el recuerdo de la experiencia pretérita poco o nada tendría significado para nosotros. Nos brinda sentido, finalidad, y hasta puede permitirnos evadirnos de un presente que no nos agrada. Como afirmara el historiador norteamericano David Lowenthal, el pasado se puede usar casi para cualquier cosa que se desee hacer en el presente (Lowenthal, 1998).

Nuestra interpelación al pasado está condicionada siempre por la realidad presente, que es sobre la que queremos incidir y que contiene, además, aspiraciones y expectativas futuras. El presente es el lugar desde donde planteamos los interrogantes como individuos y como sociedad. El presente nos señala y condiciona el "qué", el "para qué" y el "cómo" interpelamos al pasado. Se trata de una cuestión que ha protagonizado debates y reflexiones de los historiadores; algo comprensible y natural teniendo en cuenta que su trabajo gira en torno a un eje principal, que no es otro que el análisis del pasado. El historiador británico Eric Hobsbawm lo expresó con nitidez en el prefacio de la obra *La era del imperio*: "Nuestro punto de partida son los supuestos de nuestra época, lugar y situación, y tendemos a dar forma al pasado según nuestros propios términos, viendo únicamente lo que el presente permite distinguir a nuestros ojos y lo que nuestra perspectiva nos permite conocer" (Hobsbawm, 1989: 4). El historiador francés Jean Chesneaux afirmó que "si el pasado cuenta es por lo que significa para nosotros [...]. El pasado está presente en todas las esferas de la vida social" (Chesneaux, 1984: 22). Uno de los representantes más reconocidos de la Nueva Historia, el medievalista Jacques Le Goff, apuntó en la misma dirección al declarar que "el pasado es captado desde el presente y responde a sus intereses. Esto no es solo inevitable, sino también legítimo" (Le Goff, 2005: 52). Estas ideas subyacen en la célebre frase atribuida al filósofo, historiador y político italiano Benedetto Croce que afirma que "toda historia es historia contemporánea".

El presente se convierte para nosotros en una especie de punto de encuentro entre pasado y futuro. El filósofo y antropólogo francés Paul Ricoeur lo denominó el "triple presente" o las "tres formas del presente", en referencia al presente-presente (en su puntualidad), al recuerdo de las cosas pasadas que todavía existen y al futuro ya presente en forma de expectativas (Ricoeur, 1995). Asimismo, el historiador alemán Reinhart Koselleck se refirió al presente como el punto de intersección entre el pasado, como "espacio de experiencia", y el futuro, como "horizonte de expectativa".

En el presente confluyen, por tanto, pasado y futuro, y la memoria enlaza a los tres en una aparente y ficticia secuencia. La memoria reinterpreta y reconstruye el ayer, en y desde el hoy, para pensar en nuevas construcciones en el mañana. La memoria se altera. Los recuerdos no son el reflejo de hechos pasados, son (re) construcciones selectivas y cambiantes que se hacen en el presente y que se nutren de experiencias y expectativas propias, de otros, de distintos, incluso no vividas o heredadas, por eso tiene siempre un carácter social, tal y como lo defendiera, hace ya un siglo, el sociólogo Maurice Halbwachs (Halbwachs, 1925). La idea del cambio y de la pluralidad de visiones y experiencias las ha destacado Koselleck en sus trabajos, en los que sostiene que los acontecimientos "sucedieron definitivamente, pero las experiencias basadas en ellos pueden modificarse con el paso del tiempo. Las experiencias se superponen, se impregnan unas de otras [...] y nuevas esperanzas o desengaños, nuevas expectativas, abren brechas y repercuten en ellas" (Koselleck, 1993: 341). Por tanto, el sentido y significado del pasado pueden variar según el presente y según las expectativas futuras. El pasado deja de ser algo inmutable y pasa a considerarse, también, una construcción social o cultural, sometida, como tal, a variaciones en el tiempo y el espacio.

Esta idea de re-construcción, de re-invención, de cambio, la debemos tener muy presente cuando nos aproximamos al análisis de cualquier proceso de construcción de memoria(s) o de (re)construcciones del pasado. Se trata de un ejercicio siempre complejo y comprometido, algo más, si cabe, cuando se atiende a fenómenos del pasado reciente porque en ese presente, desde donde se mira al pasado, conviven las generaciones que han vivido los hechos y los recuerdan (testigos) y tienen, además, unas necesidades y demandas concretas en esos procesos de re-construcción, y las generaciones que no los han vivido, pero que demandan (o no) conocerlos y poder recordarlos. Si esto no fuera suficientemente complejo, debemos incluir un elemento más, al que dedicaré un espacio en el tercer apartado y en el cierre del capítulo. Me refiero a los historiadores del tiempo presente que también forman parte del hoy, desde donde miran, y del ayer "recreado", que pretenden analizar. Esto constituye, en palabras de la historiadora Josefina Cuesta, pionera en los estudios sobre memoria en España, "el gran privilegio y el gran desafío, a la vez, de la historia del presente o del inmediato pasado" (Cuesta, 2008: 12).

2.2. ¿PARA QUÉ RECORDAR EL TERRORISMO, LA VIOLENCIA POLÍTICA Y LAS VULNERACIONES DE DERECHOS HUMANOS PADECIDAS POR LA SOCIEDAD VASCA EN EL PASADO RECIENTE?

En el apartado precedente se han intentado enmarcar, de manera más teórica, algunos elementos sobre los que pivota este capítulo: pasado, presente, futuro y memoria. El pasado, que nos sirve para casi todo lo que necesitamos o queremos hacer en el presente; el presente, siempre punto de partida de la mirada al pasado y guardián de anhelos futuros; y la memoria que conecta presente, pasado y futuro en una ficticia secuencia y continuidad, y que no es fiel reflejo del pasado, sino que es recuerdo, re-creación, re-invención y cambio.

Retomemos la pregunta que da título a este epígrafe: ¿para qué recordar hoy nuestro pasado reciente de violencia política? Vamos a empezar por reparar en el hoy, en el presente, y recordamos para ello la descripción y caracterización que la juventud vasca hace sobre la realidad que le rodea: "La sociedad vasca es clasista, machista, xenófoba y racista" (2023) y "La sociedad vasca es violenta" (2021). Se trata de una imagen y de una percepción dura, nada amable de nuestra realidad social.

No cabe duda de que vivimos hoy un momento de crisis y de cambios profundos a escala mundial que nos influye, que nos afecta (crisis ecológica, energética, económica, social y política). Habitamos un mundo extremadamente individualista, profundamente desigual, competitivo y polarizado, y algunos consensos de base que han definido y apuntalado el edificio europeo desde la Segunda Guerra Mundial —y que han intentado paliar, precisamente, estos rasgos negativos— muestran hoy síntomas de agotamiento (los estados de bienestar, las democracias liberales y el propio sistema representativo, entre otros). La crisis política, más en concreto, la crisis de la democracia es un elemento contextual central hoy. Las transformaciones que está experimentando la idea misma del espacio público, acrecentadas y aceleradas por la revolución tecnológica, es un elemento importante de la crisis aludida (Byung-Chul Han, 2022). Asistimos, perplejos, a la quiebra del espacio público que hemos conocido, a su segmentación, y a la pérdida de un mundo público común que está siendo sustituido por "nuevos espacios burbuja", por "comunidades de afines", en los que reforzamos nuestras convicciones y nos encerramos más en lo "nuestro" al priorizar con quién compartimos nuestras ideas sobre las propias ideas (Haidt, 2013), al valorar los acontecimientos a partir de la coincidencia con unos valores y objetivos del grupo de "semejantes" (Roberts, 2017), y al relegar "la verdad" de los hechos a un plano de "opiniones y ocurrencias". Todo ello facilita un escenario de política "espectáculo" y de auge y éxito de discursos y prácticas populistas, de tanta actualidad hoy (Lapuente, 2015; Sánchez-Cuenca, 2022; Klein, 2021) y que están erosionando y poniendo en grave peligro principios y valores consustanciales a la idea misma de democracia (Vallespín, 2020).

La democracia exige trabajo y compromiso colectivo y constante. Todos los días tenemos noticias de hechos que nos recuerdan la vulnerabilidad de algunas conquistas de derechos que consideramos indiscutibles, asentados y aceptados. La caracterización que la juventud vasca hace de la sociedad y de la generación a la que pertenece es una buena muestra de ello. Por esta razón, considero que el objetivo de mirar al pasado reciente de vulneraciones graves de derechos humanos padecida por la sociedad vasca como consecuencia de la violencia política, en general, y del terrorismo, en particular, no puede ser un objetivo aislado ni puede quedar desvinculado de una pregunta más general; una pregunta que está muy presente hoy en muchas reflexiones de pensadores actuales y que no es otra que ¿cómo podemos vivir juntos y vivir bien?

La convivencia democrática y la gestión de la pluralidad y de la diversidad, según sus valores y principios, son uno de los grandes retos actuales. Mirar críticamente a nuestro pasado de violencia política puede ser una de las formas de contribuir al cuidado, la consolidación o la preservación de la convivencia democrática, pacífica y respetuosa entre distintos, pero iguales. Recordar de manera crítica nuestro pasado de sufrimiento puede posibilitar la identificación y el rescate de algunos principios y valores que refuercen actitudes democráticas, que ahonden en el respeto a la dignidad de la persona, que incorporen la cultura de los derechos humanos, que reivindiquen el diálogo y el debate como la forma natural de dirimir las diferencias, y que, en definitiva, contribuyan a la deslegitimación de la violencia, a no entenderla como una consecuencia "natural" de unos hechos o circunstancias. No es una tarea fácil, no vivimos una coyuntura global favorable, y el resultado siempre será imperfecto. Pero la alternativa es el autoritarismo.

Las instituciones vascas, en general, y la comunidad educativa, en particular[5], comparten la convicción de que existe un

5. No es nuestro objetivo enumerar todas las iniciativas y proyectos que se han realizado y que se siguen llevando a cabo en la actualidad en materia de memoria y convivencia por parte de la comunidad educativa. Sirvan de ejemplo: el programa

vínculo entre construcción de memoria y fortalecimiento democrático, y están comprometidas con esta labor y con esta perspectiva global o integradora de la mirada al pasado reciente y traumático que se propone desde muchas instancias hoy. Los objetivos del último Plan de Convivencia, Derechos Humanos y Diversidad del Gobierno Vasco —conocido como Udaberri 2024— recogidos en su introducción son solo un ejemplo de ello:

> Reafirmar la radical deslegitimación política y social de la cultura de la violencia como estrategia de acción política; preservar y reforzar el pluralismo como elemento constitutivo del ADN político vasco; y velar por la protección efectiva de los derechos de todas y todas —especialmente de las víctimas y los sectores más vulnerables— constituyen las mejores garantías para ese futuro esperanzador en términos del convivencia y contrato social entre diferentes al que aspiramos (Gobierno Vasco-Eusko Jaurlaritza, 2021).

Esta perspectiva tiene mucho de un ideal, seguramente un tanto utópico, que se puede resumir en la expresión "recordar para no repetir". La mirada crítica al pasado suele plantearse con esta intención, pero no asegura la "no repetición". Cuando hoy, en la Euskadi del siglo XXI, hablamos de pasado reciente, de memoria, estamos hablando de memoria traumática, de una memoria de sufrimiento, de décadas de terrorismo de diferente signo y violencia de motivación política que han formado parte de las vidas

---

Adi-adian de testimonios de víctimas en las aulas (víctimas educadoras), puesto en marcha con carácter experimental en 2011; el acuerdo Gizalegez (2012), que recogió el compromiso de los agentes educativos vascos para trabajar la educación en derechos humanos y cultura de la paz, y el acuerdo con objetivos similares entre el Gobierno Vasco y las tres universidades vascas (2017). Asimismo, distintas instituciones, centros y agentes educativos se han implicado en la elaboración de unidades didácticas y programas educativos para la inserción de la dimensión histórica de la memoria en el currículo educativo vasco. En el ámbito universitario son destacables los proyectos de didáctica de esta materia elaborados por el Departamento de Didáctica de las Ciencias Sociales de la Universidad del País Vasco (UPV/EHU), los *Cuadernos sobre Memoria, Educación Histórica y Construcción de Paz* del Centro de Ética Aplicada de la Universidad de Deusto, o los trabajos de Eskura, Centro de Recursos Pedagógicos en Derechos Humanos, entre otros y a modo de ejemplo.

de varias generaciones y por todas las graves vulneraciones de derechos humanos derivadas de estas violencias (el terrorismo de las diferentes ramas de ETA, el terrorismo de los Comandos Autónomos Anticapitalistas, el terrorismo de grupos vinculados a la extrema derecha, la "guerra sucia" y el terrorismo de los GAL, la tortura, la violencia policial ilegítima). Resulta incuestionable que el recuerdo de todo ello, que el no olvido de todo ello es importante para todas las víctimas. El modelo de los derechos humanos, de reciente incorporación y generalización, parece que nos resulta válido hoy porque ha concitado consensos. Este modelo pone en el centro de la mirada a las víctimas, a todas ellas, al reconocimiento de su sufrimiento, y a su reparación, en la medida de lo posible.

Hacemos nuestra esta mirada y compartimos estos objetivos. Sin embargo, y sin restar un ápice de importancia y centralidad a lo dicho, y de manera complementaria, entendemos que vincular este pasado con una necesidad del presente más general puede multiplicar su potencial. No olvidemos que "cuando se abre la estructura de oportunidades para los procesos de recuerdo, no se recuperarán todas las experiencias, sino que individuos y colectividades recordarán aquello que sirva para algo en el curso de las acciones presentes" (Arnoso *et al.*, 2018). El recuerdo de este pasado puede tener un alcance e impacto mayores si contribuye, en algo, a apuntalar la convivencia democrática que es una necesidad de hoy. En un momento de crisis parece pertinente proponer esta mirada "crítica y pedagógica" al pasado reciente; una mirada al servicio de la convivencia democrática: memoria democrática, memoria para la convivencia (Arrazola y Mellado, 2022).

Esta puede ser una respuesta válida, actual y con un potencial educativo o pedagógico notables para la pregunta planteada en este epígrafe. Sin embargo, no podemos eludir ni obviar que la relación o vinculación entre memoria y democracia, o entre memoria y convivencia, no es ni automática, ni unívoca, ni está suficientemente contrastada, ni queda exenta de problemas y preguntas que interpelan directamente al gremio de historiadores y a las que dedicaré un espacio en el siguiente apartado y, sobre todo, en el cierre del capítulo.

3. ¿CÓMO MIRAR A NUESTRO PASADO RECIENTE DE VULNERACIONES DE DERECHOS HUMANOS DERIVADAS DE LA VIOLENCIA POLÍTICA?

En las líneas precedentes hemos intentado dar respuesta a los fines de recordar nuestro pasado reciente caracterizado por las diferentes vulneraciones de derechos humanos producidas como consecuencia de los terrorismos de distinto signo y de la violencia política. Recordar para reconocer y reparar a todas las víctimas; recordar para responder a una demanda de información y de conocimiento de las generaciones más jóvenes que no vivieron (o no recuerdan) esta realidad; y recordar para ahondar en principios y valores que contribuyan a la deslegitimación de la violencia y apuntalen la convivencia y la democracia hoy.

El "qué" (un pasado concreto) y el "para qué" (recordado en el párrafo anterior) nos delimitan y condicionan el "cómo" mirar y recordar.

No cabe duda de que hechos como el cese de acciones violentas por parte de ETA, anunciado el 20 de octubre de 2011 (y su posterior autodisolución en 2018), o la legalización del partido político Sortu por el Tribunal Constitucional el 20 de junio de 2012 crearon un escenario diferente, posibilitaron nuevas oportunidades y facilitaron algunas condiciones requeridas y necesarias, tanto para iniciar procesos que coadyuvaran al logro de una convivencia democrática como para mirar al pasado de forma crítica y autocrítica. Y estos son, fundamentalmente, los dos conceptos que vertebran la respuesta a la pregunta de "cómo" mirar a este ayer: de manera crítica y de manera autocrítica. Ambas forman parte de la base de la memoria democrática, de la memoria para la convivencia.

Sabemos que la pluralidad de memorias es algo natural en los grupos humanos y en cualquier sociedad, ya que las experiencias, las vidas, sus interpretaciones y significaciones, y los procesos de socialización son siempre distintos y, además, pueden cambiar con el tiempo. Esto forma parte de la realidad cotidiana y constituye, precisamente, uno de los retos principales de las democracias: la gestión de la diversidad y el respeto a la pluralidad; la gestión de la convivencia entre distintos, pero iguales en derechos. Esta gestión resulta complicada, pero la mayor dificultad no radica en la diversidad y pluralidad de memorias *per se*. El problema reside en los relatos justificativos y autojustificativos que se pueden crear y, de hecho, se han creado a partir de esas memorias y de algunos recuerdos. La(s) memoria(s) para ser transmitidas y comunicadas deben ser narradas, relatadas. Los relatos ordenan y dan sentido a los recuerdos, y lo hacen desde el hoy. Los relatos nos ayudan a "delimitar, simbolizar y clasificar el mundo que se extiende en torno a nosotros" (Lowenthal, 1998: 306).

Los relatos justificativos y autojustificativos son siempre una gran tentación y responden a inercias muy humanas: cuando (nos) contamos, tendemos a defender nuestras decisiones y nuestras acciones, aunque digamos que únicamente estamos exponiendo hechos. Los relatos (auto)justificativos nos amparan y nos reconfortan porque los construimos para dar sentido a nuestras decisiones y opciones. Por ello silenciamos algunos hechos y magnificamos otros con el ánimo de exculpar o minimizar la responsabilidad personal o la del grupo afín, o con el de inculpar o maximizar la responsabilidad y la deuda del otro, de los otros. Está constatado que "los perpetradores directos y vicarios tienden a amortiguar el conflicto ético que generó el uso de la violencia, atribuyendo la responsabilidad de esas acciones al otro grupo [...] y crean visiones sesgadas de la realidad dirigidas a exculpar y minimizar la responsabilidad personal o grupal en los hechos" si así lo exigen las circunstancias presentes (Arnoso *et al.*, 2018). Los relatos (auto)justificativos "buscan instaurar sus versiones del pasado como verdades absolutas" (Sánchez, 2009: 35) y con ello cronifican el conflicto, perpetúan los discursos de "unos frente a otros" y alejan las posibilidades de diálogo y entendimiento.

El correctivo para los relatos justificativos y autojustificativos en procesos traumáticos y en contextos de violencia política no es ni simple ni fácil, porque pasa por la crítica y, además, por la autocrítica. La autocrítica implica una mirada honesta y valiente ante un espejo que puede reflejar una imagen de nosotros que nos incomode hoy. La mirada autocrítica al pasado es "un ejercicio recomendable para todos y todas y obligatorio para todos aquellos que han tenido responsabilidad directa o indirecta en todas y cada una de las vulneraciones de derechos humanos [...]. La mirada autocrítica es un ingrediente fundamental del antídoto que necesitamos para superar los relatos auto justificativos" (Belaustegi *et al.*, 2022: 11)[6].

No podemos mirar el pasado desde la justificación y la autojustificación porque la manera en la que recordamos el pasado "distribuye responsabilidades entre los distintos actores del conflicto y evalúa moralmente su conducta [...]. Se confieren distintos grados de legitimidad a los actores colectivos [...] y la ciudadanía confía o desconfía [...] se adhiere o se distancia [...] se identifica con unos miembros y rechaza profundamente a otros" (Sánchez, 2009: 34). Por eso se propone una mirada crítica y autocrítica, honesta y valiente, a la que añadimos otros rasgos recogidos en el último Plan de Convivencia, Derechos Humanos y Diversidad que habla, asimismo, de una mirada "inclusiva", "abierta", "empática", "centrada en las víctimas", "humana", "sensible", "ética" y "joven, abierta y sensible con las inquietudes y las expresiones de los y las jóvenes, y que incorpore también sus visiones a la conformación de la memoria" (Plan de Convivencia, Derechos Humanos y Diversidad, 2021: 20). En este último elemento, el que alude de forma expresa a la juventud, me voy a centrar a continuación.

La inclusión expresa de la mirada de la juventud en los procesos de construcción de memorias responde, también, a la pregunta de "cómo" miramos al pasado, y conecta con la idea de vincular

6. En este sentido, hacemos nuestros los principios y ejes centrales del documento *Begiradak: bases compartidas para la construcción social de la memoria en Euskadi*, presentado el 10 de noviembre de 2022 en la sede de Gogora, Instituto de la Memoria, la Convivencia y los Derechos Humanos – Memoriaren, Bizikidetzaren eta Giza Eskubideen Institutua.

la memoria de todas las vulneraciones de derechos humanos causadas por las diversas expresiones la violencia política de nuestro pasado reciente, con la necesidad presente de ahondar en valores democráticos (apartado 2.2). Además, la juventud vasca reclama un "rol activo en la construcción de la memoria", "protagonismo en los procesos de construcción de la convivencia" (Gazteak, Elkarbizitza, Etorkizuna – Juventud, Convivencia, Futuro 2022-2024), y demanda información y conocimiento sobre el pasado reciente de violencia política (apartado 1).

Este escenario enlaza con lo que se conoce como el "deber de memoria", es decir, una especie de obligación moral de transmitir los recuerdos a las generaciones jóvenes, a las generaciones que no han vivido los hechos recordados. Este "deber" lleva implícito el deseo de que los hechos pasados vinculados a la violencia política y a la vulneración de derechos humanos se conviertan en un asunto de toda la ciudadanía y no queden relegados al interés de aquellos que lo padecieron en primera persona (las víctimas). Ahora bien, debemos advertir de la componente de contradicción e incoherencia entre la idea de transmitir el relato de una memoria al servicio de la convivencia democrática, por una parte, y el objetivo de incluir en los procesos de reflexión y de construcción de esta memoria a sectores o grupos, en este caso los jóvenes, por otra. La inclusión de la juventud vasca en los procesos de construcción de una memoria para la convivencia, si no es una cuestión meramente formal y no les confiere un rol de "invitados", significa que estos modelarán, también, esa memoria y articularán un relato o relatos que podrán complementar, o no, el construido con el fin indicado. Cuando afirmamos que la memoria del pasado y el relato o los relatos que las sustentan son algo vivo, cambiante, que se debe nutrir de las distintas experiencias de la ciudadanía de hoy, estamos asumiendo que "heredar es también transformar" (Lowenthal, 1998: 573), y que la memoria o el relato resultante no sea "el esperado".

Las valoraciones de este tipo de experiencias, de las comunidades de aprendizaje sobre nuestro pasado traumático protagonizadas por personas jóvenes, acostumbran a ser positivas. Las personas participantes suelen agradecer disponer de espacios seguros donde hablar con libertad sobre cuestiones todavía abiertas y controvertidas, y en general, sienten que ganan en confianza, capacidad de reflexión y argumentación para plantear sus opiniones sobre el tema en otros espacios y circunstancias en las que antes no lo hubieran hecho (Sáez de la Fuente, Bermúdez y Prieto, 2020: 90). Pero la relación entre proceso y resultado, la relación entre memoria y democracia o la relación entre memoria y convivencia no es ni tan lineal ni indiscutible como pudiera darse a entender. La socióloga argentina Elizabeth Jelin lo plantea como una paradoja "entre una transmisión unívoca y una reflexividad y activismo ciudadano que, para que lo sea, no puede ser programado" (Jelin, 2014: 240).

Con esto no se debe deducir que este tipo de iniciativas y procesos no sean útiles o que la incorporación de la mirada y las necesidades de la juventud vasca a los procesos de construcción de una memoria para la convivencia democrática no sea necesaria; ni mucho menos. Pero sí resulta conveniente advertir que la relación memoria-convivencia democrática no está suficientemente contrastada, que se trata de procesos muy complejos y que llevan implícito una nada desdeñable componente de incertidumbre (Jelin, 2014).

4. EPÍLOGO: ENTRE MNEMOSYNE Y CLÍO

Al preguntarnos por cómo debemos mirar a un pasado reciente, concreto y traumático no puedo ni evitar ni eludir una cuestión, que, en mi opinión, resulta central para los historiadores hoy. La mirada de la Memoria, con toda su complejidad, virtudes y defectos que he intentado exponer en las líneas precedentes, es distinta de la mirada de la Historia. Mnemosyne es la experiencia, es lo vivido, es lo emotivo, elige y prefiere el testimonio. Clío pregunta, investiga, explica, interpreta y da sentido.

La Historia, como cualquier disciplina científica, busca el conocimiento y se pregunta por el sentido de las cosas analizadas, en este caso, por el sentido del pasado. La investigación histórica nos remite a la responsabilidad de buscar la verdad de los hechos, por muy relativa que esta sea. En lo referente al pasado que nos ocupa en este capítulo, huelga decir que sigue siendo necesaria la investigación de los hechos/casos de terrorismo de distinto signo y de vulneraciones de derechos humanos de motivación política más graves. Antes de cualquier transmisión, necesitamos conocer, y los datos son fundamentales e indispensables para acercarnos a la verdad.

Ahora bien, los hechos y los datos verificados y contrastados con rigor no explican por sí mismos lo sucedido, porque no establecen las relaciones (causales o no) de los acontecimientos ni los dotan de sentido. Es el investigador, en este caso, el historiador quien confiere sentido y significado a los hechos y fenómenos analizados. Llegar a comprender y explicar lo investigado, en este caso el pasado, es la máxima aspiración de cualquier disciplina científica. La violencia política que ha conformado la realidad cotidiana de varias generaciones de vascas y de vascos debe ser analizada y explicada con rigor científico; es una problemática y un objeto de estudio de la historia del tiempo presente. Sin la mirada de Clío, listaremos hechos, describiremos situaciones, escucharemos testimonios, trabajaremos competencias, actitudes y valores democráticos, pero seguiremos sin comprender lo ocurrido.

El verbo *comprender* levanta muchas sospechas, más si cabe cuando lo asociamos a un pasado de violencia política. Comprender implica acercamiento, implica salir del hoy, momentáneamente, para bucear y adentrarse en sujetos y tiempos distintos con el ánimo de captarlos, de aprehenderlos. Y el acercamiento suele confundirse con la justificación. La distinción entre estos términos y sus significados resulta fundamental (Eco, 2007). Comprender no significa ni justificar ni compartir y, precisamente, las investigaciones rigurosas y contrastadas destinadas a buscar el sentido de una acción, de un fenómeno, de un pensamiento, de una ideología o de cualquier elemento de la realidad social son las mejores herramientas para no caer en justificaciones siempre interesadas. Precisamente, porque ninguna vulneración de derechos humanos se puede justificar ni compartir, estos fenómenos hay que explicarlos, hay que contextualizarlos y hay que comprenderlos.

Desde hace medio siglo se ha producido un giro en pro de la Memoria que ha ido, en cierta manera, en detrimento de la Historia. El punto de inflexión de este cambio suele asociarse a los horrores del Holocausto y a su impacto en el imaginario contemporáneo occidental. Este cambio ha llevado a elaborar narrativas más emotivas, afectivas, éticas, y a privilegiar las fuentes orales (los testimonios) sobre las documentales. Otorgamos mayor "veracidad", "credibilidad" y "autenticidad" a los relatos elaborados a partir de una trama de "experiencias". ¿Quién puede negar la autoridad del testigo? La pregunta quiere advertir de los peligros de "memorializar" la Historia. Mirar únicamente desde los ojos de los testimonios puede llevarnos a elevar la verdad, en singular, sus recuerdos, sus vivencias, que siempre serán innegables e indiscutibles en lo subjetivo. La narrativa de "experiencias" en los casos de pasados traumáticos y violentos traza una línea continua, que iguala a todas las víctimas porque el sufrimiento es la naturaleza común de todas ellas y todas han de ser iguales en su consideración. Pero ese *ad continuum* diluye tiempos y momentos, equipara circunstancias y generaliza motivaciones; y esto resulta ahistórico o, al menos, problemático para el análisis histórico que aspira a dar sentido y comprender lo ocurrido.

La Historia no tiene el monopolio del pasado. Es más, en la actualidad tiene muchos competidores que consiguen transmitir relatos del ayer a más personas y de una manera más impactante. Esto no es negativo en sí mismo y puede tener dos derivadas que pueden ser positivas: la primera es que esta competencia facilita que ciertos pasados irrumpan en el debate político y público; y la segunda, y más importante, puede servir para repensar la función y el lugar que la Historia hoy, en un mundo que acorta distancias entre pasado y futuro, en el que la cantidad de información nos abruma, y en el que la "verdad" no es más que una opinión entre muchas. Aquí hago mías las palabras del historiador Ramón Villares, quien al ser preguntado por el futuro de la disciplina histórica responde que lo que sin duda debe permanecer es "considerar el ejercicio de la historia como una actividad que discute el pasado, que no acepta acríticamente las posiciones del testigo ni da por sentado que las cosas son evidentes, sino que son resultado de un análisis minucioso de sus razones, causas y consecuencias" (Villares, Ortega y Morant, 2023: 331).

Mnemosyne ha coadyuvado de forma notable al reconocimiento de las víctimas, las ha situado en el centro de su mirada, sus testimonios han demostrado tener una potencialidad pedagógica enorme y han conseguido que las generaciones más jóvenes conecten con sus experiencias y se acerquen al conocimiento de lo ocurrido. Pero Mnemosyne no analiza; no sabe, no puede. Esa tarea es la de Clío, a la que le toca preguntarse por el sentido de las cosas y buscar la verdad, aunque esta sea relativa y perecedera. Ambas tienen tarea por delante aún. Juntas pueden responder bien a algunas necesidades de nuestro hoy; pero este hoy necesita, igualmente, distinguirlas.

BIBLIOGRAFÍA

Arnoso, M. *et al.* (2018): "Implicaciones de los estudios sobre memoria colectiva para la enseñanza de la historia", *Arbor*, 194 (788), p. a445.

Arrazola, S. y Mellado, P. C. (2022): "La construcción de la memoria democrática y la transmisión de su relato a través de la educación", *Revista ProPulsión*, 1, pp. 102-116.

Belaustegi, U. *et al.* (2022): *Begirada(k): bases compartidas para la construcción de la memoria en Euskadi*, Bilbao, Gogora (Instituto de la Memoria, la Convivencia y los Derechos Humanos).

Byung-Chul, H. (2022): *Infocracia: La digitalización y la crisis de la democracia*, Barcelona, Editorial Taurus.

Chesneaux, J. (1984): *¿Hacemos tabla rasa del pasado? A propósito de la historia y de los historiadores*, Madrid, Siglo XXI.

Cuesta, J. (2008): *La odisea de la memoria: historia de la memoria en España. Siglo XX*, Madrid, Alianza Editorial.

Elzo, J. (2014): "Los jóvenes vascos ante la violencia de ETA y otras manifestaciones ilegítimas de violencia de signo político (1986-2012)", *Metamorfosis. Revista del Centro Reina Sofía sobre Adolescencia y Juventud*, nº 0, pp. 26-46.

Eco, U. (2007): *A paso de cangrejo: artículos, reflexiones y decepciones 2000-2006*, Madrid, Debate.

Gazteen Euskal Behatokia. Observatorio Vasco de la Juventud (2021): *Percepción de la juventud de Euskadi sobre la violencia*.

Gobierno Vasco-Eusko Jaurlaritza. Departamento de Igualdad, Justicia y Políticas Sociales-Berdintasun, Justizia eta Gizarte Politiketako Saila (2021): *Udaberri 2024: Plan de Convivencia, Derechos Humanos y Diversidad*.

Halbwachs, M. (1994): *Les Cadres Sociaux de la Mémoire*, París, Albin Michel.
Haidt, J. (2013): *The Righteous Mind: Why Good People are Divided by Politics and Religion*, Nueva York, Penguin Books.
Hobsbawm, E. (1989): *La era del Imperio (1875-1914)*, Barcelona, Labor.
Jelin, E. (2014): "Memoria y democracia. Una relación incierta", *Revista Mexicana de Ciencias Políticas y Sociales*, 221, pp. 225-242.
Klein, E. (2021): *Por qué estamos polarizados*, Madrid, Capitán Swing.
Koselleck, R. (1993): *Futuro pasado: para una semántica de los tiempos históricos*, Barcelona, Paidós.
Lapuente, V. (2015): *El retorno de los chamanes: Los charlatanes que amenazan el bien común y los profesionales que pueden salvarnos*, Barcelona, Ediciones Península.
Le Goff, J. (2005): *Pensar la historia: modernidad, presente, progreso*, Barcelona, Paidós Ibérica.
Lowenthal, D. (1998): *El pasado es un país extraño*, Madrid, Akal.
Ricoeur, P. (1995): *Tiempo y narración II*, México, Siglo XXI.
Roberts, D. (2017): "Donald Trump and the rise of tribal epistemology", *Vox*, 19 de mayo. Disponible en: https://lc.cx/c9G7KD.
Sáez de la Fuente, I.; Bermúdez, A. y Prieto, J. (2020): "La historización de la memoria: balance de la experiencia de una comunidad de aprendizaje con personas jóvenes en Euskadi", *Cuadernos sobre Memoria, Educación Histórica y Construcción de Paz*, 2, Bilbao, Universidad de Deusto.
Sánchez, G. (coord.) (2009): *Recordar y narrar el conflicto: herramientas para reconstruir memoria histórica*, Colombia, Centro Nacional de Memoria de Histórica.
Sánchez-Cuenca, I. (2022): *El desorden político: Democracias sin intermediación*, Madrid, Los Libros de la Catarata.
Uson, I. (2017): "Terrorismo y vulneraciones de derechos humanos de motivación política en el caso vasco: estudio exploratorio sobre los conocimientos y la valoración ética de la juventud universitaria vasca", *Deusto Journal Human Rights*, 2, pp. 121-148.
Vallespín, F. (2020): "Las principales amenazas a la democracia liberal", *Anales de la Real Academia de Ciencias Morales y Políticas*, 97, pp. 327-346.
Villares, R.; Ortega, M. T. y Morant, T. (2023): "Cultura histórica, historia pública, profesión y compromiso de los historiadores", *Ayer*, 113, pp. 309-335.

CAPÍTULO 3

LA DIVERSIDAD EN LAS POLÍTICAS DE DERECHOS HUMANOS: NECESIDAD DE IGUALDAD Y DERECHO A LA DIFERENCIA

SERGIO CAMPO LLADÓ

1. INTRODUCCIÓN. NI NUEVA, NI SUSTITUTIVA, NI TAN DIFERENTE

El 27 de julio de 1999 —hace un cuarto de siglo—, en las Juntas Generales de Araba, Fernando Buesa intervenía[1] —solo seis meses antes de su asesinato por ETA— reclamando la construcción de la convivencia a partir de una noción de "ciudadanía que no discriminase a nadie por razón de sexo, raza, religión, opiniones políticas, identidades nacionales o culturales". Hablaba del "respeto al pluralismo" de una sociedad en la que las gentes viven "de formas diferentes su sexualidad, expresan diferentes culturas que se entremezclan, profesan diferentes religiones o ninguna o se reconocen en una pluralidad de identidades". Planteaba que todos estos proyectos personales y colectivos pudieran llevarse a cabo en libertad y, acto seguido, lo relacionaba con el marco de la violencia de intencionalidad política reclamando el fin del terrorismo, la reparación del daño causado a las víctimas, la reinserción del victimario y otra política penitenciaria. Todo ello hilvanado en una misma intervención de un par de minutos con total naturalidad.

1. Vídeo disponible en: https://labur.eus/N2out.

Seguramente hubo discursos similares, más brillantes o incluso anteriores por parte de otros políticos de diferentes signos. Pero este, más allá del interés adicional que le otorga la victimización de quien lo pronunció, nos da pie a abordar la diversidad como política de derechos humanos de una forma contextualizada en nuestra historia y en nuestra realidad. Y es que probablemente fuera de nuestro contexto sería difícilmente argumentable como algo novedoso que el abordaje de la discriminación étnica, nacional, religiosa o por prácticas e identidades sexuales no se hiciera de manera natural desde los derechos humanos.

No existe competencia, tensión o incompatibilidad en integrar en una política de derechos humanos[2] las radicales vulneraciones de la dignidad humana que se produjeron en esos periodos que se han denominado "memoria histórica" y "memoria reciente" o las que siempre se han dado y siguen produciéndose contra muchas personas por el mero hecho de tener un color de piel diferente, proceder de otro país, tener otras prácticas culturales, profesar otra religión, su edad o capacidad. Tanto en el caso de la violencia de intencionalidad política como en estas otras formas de discriminación el elemento sobre el que pivotan son lo que en el derecho se denominan categorías especialmente protegidas, que no son más que características como las convicciones políticas o la identidad nacional, para el caso de las memorísticas, o algunas de las citadas en las líneas precedentes para las de diversidad.

De hecho, el elemento diferencial de estas otras categorías protegidas que tienden a agruparse políticamente en torno al concepto de diversidad es que, en tiempos recientes, lo habitual era su invisibilización en la agenda de derechos humanos o, en el peor de los casos, si nos remontamos más en el tiempo, que su inclusión en la agenda del poder institucional era sinónimo de la vulneración de derechos. Quizás lo significativo hoy sea precisamente la

2. Un claro ejemplo es el Plan de Convivencia, Derechos Humanos y Diversidad Udaberri 2024 de Gobierno Vasco. Disponible en: https://labur.eus/nJUoq.

asunción de una responsabilidad pública que vela por su respeto y su libertad.

En nuestro contexto, la invisibilización, más relativa que absoluta, estaba más condicionada por la urgencia de las violencias de intencionalidad política en la agenda de derechos humanos que no por otro tipo de reflexiones. De hecho, el abordaje de la diversidad (fruto de las migraciones, de las diferentes opciones y prácticas sexuales, de minorías étnicas como el pueblo gitano, de las personas con discapacidad) se delegó en el ámbito sectorial de las políticas sociales con todas las implicaciones que eso ha significado, como la perpetuación de determinados estereotipos sobre los colectivos o lógicas de intervención más asistencialistas que en términos de igualdad. Hoy, el error estaría tanto en plantear la sustitución como la priorización de un tipo de políticas frente a otras. La clave, además de señalar su mutua complementariedad, se encuentra en su correcta concepción en términos de definición del objeto, integralidad y coherencia con otras políticas.

En este sentido, a lo largo de las siguientes páginas no trataremos de hacer una recensión de políticas pasadas en estos ámbitos, sino una aproximación constructiva abordando a qué nos referimos con el término de diversidad y su vínculo con el de desigualdad, el presente de los sistemas de dominación que impactan en estos grupos y personas o, por último, las contradicciones que este tipo de políticas encuentran en su diálogo con la posmodernidad y el neoliberalismo.

Por último, y antes de pasar al desarrollo de los contenidos, considero importante señalar que este texto no representa un estado de la cuestión sobre las políticas que inciden en la diversidad; al contrario, aunque argumentada, es una toma de posición. Asimismo, a pesar de que se ha cuidado que la bibliografía y, con ella, las referencias sean lo más paritarias posible y que las autorías estén encarnadas por los propios colectivos sobre los que versa el texto, es probable que este pueda contener sesgos y limitaciones. Lejos de representar un cierre de autoridad, es una invitación a la apropiación, la crítica y su enriquecimiento.

2. APROXIMACIÓN A LA NOCIÓN DE DIVERSIDAD

> "Comprehender lo que de alguna forma nos es, y probablemente nos siga siendo, ajeno sin siquiera dulcificarlo con vacuas cantinelas acerca de la humanidad común, ni desactivarlo con la indiferencia del 'a-cada-uno-lo-suyo', ni minusvalorarlo tildándolo de encantador, estimable incluso, pero inconsecuente".
>
> CLIFFORD GEERTZ,
> *Los usos de la diversidad* (1996)

Vista la frecuencia con que en la actualidad el término de diversidad es empleado en todo tipo de ámbitos (institucionales, académicos, sociales, etc.), podríamos decir que es un término que ha hecho fortuna, pero que, quizás, no sea el más afortunado para identificar al conjunto de realidades al que hace referencia y a las políticas que inciden en estas.

A lo largo de las siguientes páginas trataremos de aproximarnos al significado de diversidad y veremos algunas de sus potencialidades, pero también de sus limitaciones. No es el objetivo de este texto proponer un significante alternativo, pero sí tratar de evitar abusos y malos usos del término y, muy particularmente, señalar cuáles son los contenidos y abordajes que se deberían tomar en cuenta en las políticas públicas que habitualmente se desarrollan en este ámbito. Al menos, si se quiere que esas políticas sean transformadoras.

2.1. LA DIFICULTAD DE DEFINIR LO INTUITIVO

Suele ocurrir cuando un significante se vuelve tan presente, y más aún si se trata de uno cuyo significado es muy intuitivo, pero, al mismo tiempo, inconcreto, que se presta a diferentes interpretaciones y significaciones dependiendo del contexto, de quién la emplee y con qué finalidad lo haga. Algo de esto ocurre con la noción de diversidad.

En este sentido, por ejemplo, tenemos a quienes la califican de camaleónica al tomar distintos significados con el tiempo

(Lumby y Coleman, 2007), a otros que la ven como un transitar por el filo de una extraordinaria ambigüedad en el lenguaje y los significados que se le asignan (Gimeno Sacristán, 2000), a alguno que la señala como un modo de etiquetamiento algo más políticamente correcto y que, incluso, la sitúa como una producción desde el orden con la que se pretende que su sola mención sea en sí misma virtuosa desde un punto de vista democrático, cultural o pedagógico (Skliar, 2008). En una línea parecida, Homi K. Bhabha (2002) la ve como un bálsamo reparador. Pero hay para quien también resulta una apasionante e intrigante apelación a la pluralidad (Ruiz Vieytez, 2011).

Por su parte, con esa connotación de apelación, Zubero (2023) indica que se confunde y nos confunde en relación con otros conceptos cercanos al de diversidad como son los de diferencia, distinción o desigualdad. Hay un notable consenso en la literatura en señalar la conexión entre estos conceptos, aunque son vinculados de formas distintas. Así, mientras Ramos Calderón (2012) amplía la lista agrupándola en tres sugerentes pares: igualdad-desigualdad, discriminación-integración e inclusión-exclusión; por su parte, Ramírez Goicoechea (2007) matiza señalando que diversidad no es lo mismo que diferencia y diferencia no es lo mismo que desigualdad.

En todos los casos se señala el carácter descriptivo de la noción de diversidad, es decir, que se limita a constatar un hecho, que las personas tenemos atributos cualitativos o cuantitativos que marcan diferencias o desemejanzas entre nosotras: ya sea el color de la piel, del pelo, tener pecas, unas creencias o realizar determinadas prácticas sexuales. Se trata de una descripción que se presenta como exenta de valoraciones, repercusiones o roles (Ramos Calderón, 2012). La diversidad por sí misma no tendría ningún efecto social. Estos llegan a través de las lecturas sociales que convierten algunos atributos de la diversidad en diferencias que "no se reducen a diferencias de uno consigo mismo, ni de uno con otro", sino que surgen a través de un juicio o valoración, es decir, "representan la experiencia viva de una irrupción —de palabra y mirada— que es la que hace posible esas otras formas de alteridad"

(Gabilondo, 2001). En definitiva, las diferencias (fenotipo, religión, orientación sexual) son construcciones sociales fruto de procesos de diferenciación (Zubero, 2023).

Estos procesos son de diferente signo. Pueden tener un carácter positivo cuando están unidos a procesos de autoidentificación deseada, afirmativa, dignificadora y que celebran la diferencia (por ejemplo, un festival étnico o el orgullo LGTBI); aunque no pueda obviarse que estos procesos positivos en no pocas ocasiones también pueden leerse como una reacción o respuesta a otros muchos de carácter negativo, como las identificaciones no deseadas, las que deshumanizan o las que generan desigualdad (por ejemplo, la clasificación racial).

En este punto, la diferencia ya no sería la condición de irrepetibilidad de cada individuo, sino la diferencia de *poder* y en el *tener* acceso a bienes sociales, económicos y culturales (Gimeno Sacristán, 2000). Así, aunque la diferenciación no sea sinónimo de desigualdad, esta suele construirse y legitimarse sobre ella (Ruiz Balzola, 2023) hasta el punto de llegar a confundirse o ser indistinguibles entre sí, como recopila en multitud de ejemplos Bernabé (2018). Quizás el más emblemático sea el que refiere sobre el ambiguo juego discursivo de Margaret Thatcher a propósito de la polisemia del término *unequal*, que puede significar tanto *diferencia* como *desigualdad*. Este autor explica que ella "supo conjugar ambas y confundirlas, transformar algo percibido por la mayoría de la sociedad como negativo, la desigualdad económica, en una cuestión de diferencia, de diversidad".

En todo caso, es importante destacar el riesgo de trivializar la trascendencia de las diferencias. Skliar y Duschatzky (2000) señalan, con acierto, que no es aceptable equiparar las diferencias que cuestionan la hegemonía con aquellas otras que apenas lo hacen. En las primeras no se acepta el modelo o precisamente la diferenciación consiste en diferenciarse de un modelo (Ramos Calderón, 2012). De un modo similar, Chantal Mouffe (2016) destaca la propuesta de François Jullien que distingue *divergencia* (*écart*) de *diferencia*. Es decir, aquellas que, más allá de variaciones de un mismo elemento, representan la posibilidad de una alternativa al propio elemento. Trasladándolo a un lenguaje más cercano, consiste en no confundir la disidencia ("separarse de la común doctrina, creencia o conducta")[3] con el disenso ("no ajustarse al parecer de alguien")[4].

La posición de este texto es que la tensión que representan estas disidencias o divergencias se relaciona estrechamente con la negación y violencia contra las personas y grupos identificados con la diferencia (personas racializadas, colectivo LGTBI, personas con discapacidad...).

Los sistemas de dominación (racismo, heteropatriarcado, capacitismo...) no solo los sitúan como diana de su violencia. De hecho, son estos mismos sistemas los que dirigen los procesos de diferenciación en que determinados atributos o elementos han sido construidos como diferencias y en los que, por extensión, se ha señalado a los grupos de personas que los portan como otredades o alteridades. Tanto su construcción como su violentado sirven para la legitimación de la desigualdad. De este modo, cobra especial relevancia la afirmación de Zubero (2023) de que estas diversidades "son expresión encarnada, hecha cuerpo, de desigualdades persistentes".

En toda esta operación estas otredades y alteridades diversas son señaladas como las depositarias de males, las portadoras de fallas sociales (Duschatzky y Skliar, 2000). Unas diferencias que no lo son por azar (no existe discriminación por tener pecas). Se trata de aquellas que conllevan una disidencia porque cuestionan la uniformidad nacional, étnica, religiosa, contravienen la norma de género...

Los sistemas de dominación contraponen una otredad a un "nosotros" más o menos homogéneo. Según Zubero (2012), se traza una frontera a partir de ideales como "la pureza, la aspiración a la plena coherencia, el deseo de identidad o la búsqueda de armonía". Con esa frontera el otro queda definido como todo aquello que no encaja en nuestro mapa cognitivo, moral o estético del

---

3. *Diccionario de la lengua española* de la Real Academia Española.
4. Ibídem.

mundo. Son procesos en los que primero se coloca la frontera y luego se construye la diferencia (Bauman, 2001). Esa frontera es un proceso de diferenciación negativa y también de extrañamiento. Esa frontera no solo se traza, se busca que sea transgredida dando lugar a la expulsión o eliminación del otro a través de actos de violencia social de distinta naturaleza. De forma que esas otredades se convierten en el otro eliminable y el otro indeseable (Zubero, 2012).

En definitiva, los sistemas de dominación tendrían como grandes finalidades la eliminación, exclusión o jerarquización de aquellos grupos o colectivos que han sido construidos como diferentes por estos mismos sistemas para legitimarse y que, al mismo tiempo, contienen la potencialidad de constituir disidencias del orden social. La forma en que persiguen su finalidad es a través de actitudes, discursos y acciones discriminatorias.

Desde el punto de vista del derecho, la discriminación se entiende como otorgar un trato peor a un grupo de personas en comparación con otro basado en uno o varios atributos o características con el fin de menoscabar sus derechos. Características que no son otras que aquellas diferencias de las que hemos venido hablando y sobre las que se han construido procesos de diferenciación social y de los que históricamente se han servido los sistemas de dominación.

Estas características, denominadas categorías especialmente protegidas, se presentan en forma de un listado que es citado en prácticamente todos los instrumentos del derecho internacional (como pactos y convenios), normas de rango superior (Tratado de Lisboa, Constitución española) y en multitud de leyes (Código Penal, leyes de igualdad de trato y no discriminación o legislaciones sectoriales). Aunque las categorías son incluidas regularmente, no siempre contienen todas ni las identifican de igual modo. No obstante, en general, pueden agruparse (Landa Gorostiza, 2023) en tres grandes conjuntos: grupos étnicos en un sentido amplio (incluyendo desde elementos biológicos como el color de piel, históricos, lingüísticos, de origen nacional, creencias religiosas...), el sexo (incluyendo el sexo, la identidad de género, expresión de género, orientación sexual, prácticas...) y, por último, un tercer conjunto formado por colectivos sociales construidos a partir de rasgos como la edad, el estado de salud o la discapacidad.

Este modelo procedente del derecho suele denominarse como Igualdad de Trato y No Discriminación. Con todas sus limitaciones, al atender desde lo normativo una realidad social tan compleja como la descrita anteriormente, resulta un marco coherente y capaz de integrar todas las diferentes realidades englobadas en la noción de diversidad. Un marco que bebe directamente del de los derechos humanos —una conquista civilizatoria de alcance mundial (Mate, 2019) — y que parte de la premisa (más un deseo) de que todas las personas nacemos libres e iguales. En relación con esto último, es imprescindible señalar —especialmente en un texto que aborda la diversidad, diferencia y desigualdad— el grave error que constituye presuponer como iguales de derecho a quienes son desiguales de hecho.

Por último, conviene poner de manifiesto que el concepto de diversidad no es un marco interpretativo en sí mismo (Skliar, 2008; Duschatzky y Skliar, 2000), aunque sea la forma en que instituciones y sociedad civil (al menos en nuestro contexto) se refieren de manera habitual a esta cuestión. De ahí que en esta propuesta se opte por el marco de la igualdad y no discriminación y que se desarrollará específicamente en los apartados tercero y cuarto.

2.2. ALGO MÁS QUE ADJETIVACIONES DEL TÉRMINO DIVERSIDAD

> "Imaginar la diferencia (lo que por supuesto no quiere decir inventársela, sino hacerla evidente) sigue siendo una ciencia de la que todos necesitamos".
>
> Clifford Geertz, *Los usos de la diversidad* (1996)

El término diversidad frecuentemente se adjetiva para hacer referencia a las realidades particulares de las distintas diferenciaciones. Así, es frecuente el empleo de pares como: diversidad cultural, diversidad étnica, diversidad nacional, diversidad religiosa, diversidad sexual, diversidad funcional, diversidad etaria... En muchos casos, el cruce se establece con el listado de categorías especialmente protegidas al que ya hemos hecho referencia.

A este respecto, en la legislación española más reciente en el ámbito antidiscriminatorio[5] el listado es exhaustivo y abierto (incorpora una fórmula final que permite considerar otras características además de las citadas) e incluye: nacimiento, origen racial o étnico, sexo, religión, convicción u opinión, edad, discapacidad, orientación o identidad sexual, expresión de género, enfermedad o condición de salud, estado serológico o predisposición genética a sufrir patologías y trastornos, lengua, situación socioeconómica, o cualquier otra condición o circunstancia personal o social. En cambio, desde el punto de vista del derecho de la Unión Europea, nos encontramos que las diferentes directivas en materia de no discriminación se limitan a las características protegidas del sexo, el origen racial o étnico, la edad, la discapacidad, la religión o las creencias y la orientación sexual (Agencia de los Derechos Fundamentales de la UE, 2019).

En este texto, por motivos de limitación de espacio, vamos a hacer una elaboración propia a partir de la propuesta de Landa (2023) y vamos a agruparlas como diversidad sociocultural (que incluiría la diversidad cultural, la diversidad religiosa y etnicidad), la diversidad sexual y de género (que incluiría la identidad de género, la expresión de género, la orientación sexual y las prácticas sexuales) y otras diversidades sociales (que incluiría diversidad funcional o discapacidad y diversidad etaria).

En todos los casos, y en coherencia con lo que se ha apuntado en el apartado anterior, la referencia a estas diversidades lo es también a sistemas de dominación y, por lo tanto, cuando hablamos de ellos es importante señalar el carácter estructural, por ejemplo, del racismo (Comisión Europea, 2020), del edadismo (Mahler, 2021), de la LGTBI-fobia (Azpiazu Carballo, 2023) o del capacitismo (Alston, 2020).

5. Ley 15/2022, de 12 de julio, integral para la igualdad de trato y la no discriminación. Disponible en: https://labur.eus/Ji7k2.

Este carácter estructural hace referencia a que estas discriminaciones están atravesadas por complejas prácticas sociales que limitan el ejercicio de derechos como consecuencia de una subordinación sistémica (Salomé Resurrección, 2017). En este sentido, resulta especialmente descriptivo el desarrollo que hace el Comité de los Derechos Económicos Sociales y Económicos (2009) de la discriminación sistémica:

> 12. El Comité ha constatado periódicamente que la discriminación contra algunos grupos subsiste, es omnipresente, está fuertemente arraigada en el comportamiento y la organización de la sociedad y a menudo implica actos de discriminación indirecta o no cuestionada. Esta discriminación sistémica puede consistir en normas legales, políticas, prácticas o actitudes culturales predominantes en el sector público o privado que generan desventajas comparativas para algunos grupos y privilegios para otros.

Por su parte, Azpiazu (2023) aclara que este carácter estructural no tendría tanto que ver con su universalidad, sino con las funciones de organización social que cumple y la relación con otras estructuras de poder.

3. CONTENIDOS PARA UNAS POLÍTICAS DE DIVERSIDAD TRANSFORMADORAS

> "El mundo social, en sus articulaciones, no se divide en perspicuos 'nosotros' con los que podemos simpatizar a pesar de las diferencias que tengamos con ellos, y enigmáticos 'ellos' con los que no podemos simpatizar por mucho que defendamos hasta la muerte su derecho a diferenciarse de nosotros".
>
> Clifford Geertz, *Los usos de la diversidad* (1996)

La constante en la historia de la humanidad ha sido la de la mezcla y el intercambio a través de procesos de muy diverso signo y, ante ella, como respuesta, en multitud de sociedades ha sido permanente la disputa o controversia entre los impulsos segregacionistas buscando conformar grupos uniformes, frente a otros opuestos en los que prima el interés por mezclarse. Mixofobia frente a mixofilia (Bauman, 2011). En este sentido, es importante destacar dos cuestiones implícitas en la anterior que pueden servir como ajuste con la realidad. La primera es que, como sociedades, no estamos al comienzo de una bifurcación de caminos valorando cuál tomar (mixofobia o mixofilia), sino que hemos transitado mucho tiempo por uno de ellos. La segunda es que no se cambia de camino, de modelo de convivencia, con facilidad (Mate, 2019).

En las páginas precedentes se ha dado cuenta de algunas de estas tendencias mixófobas (racismo, xenofobia, LGTBI-fobia, islamofobia, capacitismo, edadismo...) frente a las cuales se contraponen otros modelos mixófilos (interculturalismo, enfoque social de la discapacidad, accesibilidad universal, pluralismo religioso, inclusión de la diversidad sexual y de género, etc.). Muchos de estos últimos, total o parcialmente, están asumidos por los poderes públicos en la medida en que asumen un marco general de derechos humanos.

En este sentido, siguiendo esquemas clásicos del ámbito de los derechos humanos es sencillo constatar que nos encontramos ante unos sistemas de dominación que accionan violencias directas, culturales y estructurales (Galtung, 2003). Así, resulta imprescindible señalar la responsabilidad de los poderes públicos, ya que el cuidado del pluralismo no puede depositarse únicamente en los impulsos de la sociedad civil o en cambios en la vida privada de la ciudadanía. Al mismo tiempo que en nuestro contexto difícilmente puede haber un poder público que aspire a la legitimidad desligándose del respeto y garantía de los derechos humanos (Ruiz Vieytez, 2011).

A este respecto, parece que la responsabilidad pública ha encontrado un marco —que ya hemos citado repetidamente— que es, en general, el de la igualdad y no discriminación. Continuando con las mismas referencias al enfoque clásico de los derechos humanos y la transformación de conflictos, la convivencia a la que se aspira —siguiendo el esquema de la paz— tendría dos dimensiones: una negativa, como ausencia de violencia, y otra positiva, como integración (Galtung, 2003). En nuestro caso, la ausencia de violencia podría traducirse (de forma incompleta) como no discriminación y, por su parte, la integración, como igualdad real y efectiva con ejercicio pleno del derecho a la diferencia.

En el primero de los sumandos de este binomio, el de la no discriminación, cobra un especial peso el derecho, aunque no exclusivamente. Sin embargo, de cara al segundo, sin excluir al derecho, resulta muy importante reflexionar en torno a cómo entender la igualdad, sus diferentes modelos y cómo, con base en ellos, diseñar las políticas públicas. Este aspecto se tratará en el siguiente apartado.

Uno de los debates que se ha planteado en relación con la "gestión" de la diversidad a partir de explicitar su creciente complejidad y dimensión es si esa pulsión mixófila tiene algún límite. La eclosión de conceptos como el de *superdiversidad*, en referencia a la dificultad que entraña la ingente capacidad de entrecruzarse diversidades y diferencias multiplicando las posibilidades de identificación (Vertovec, 2007), las dudas de hasta qué punto la sociedad pluralista puede acoger sin desintegrarse (Sartori, 2001) o manifestaciones que expresamente se preguntan si somos demasiado diversos[6] aunque centradas en la inmigración y la diversidad sociocultural han tenido réplicas similares con la diversidad sexual y de género.

Es fundamental constatar que —sin ser fácil su gestión positiva— la realidad es que no hay forma de disminuir la diferencia y la diversidad sin comprometer la democracia o los derechos humanos. Partiendo de esta base, el problema no es un exceso de diversidad, sino de mixofobia, es decir, de existencia de racismo, LGTBI-fobia, islamofobia, capacitismo, edadismo...

Llegados a este punto, resulta importante repensar los discursos públicos en torno a la diversidad que más allá de otras consideraciones tienden a reproducir la lógica de un nosotros-otros en los que estos segundos quedan tematizados, encerrados en su

6. *The British Dream: Successes and Failures of Post-war Immigration* de David Goddhart.

diferencia, y con los que termina por ser anecdótico el diálogo o el encuentro (Skliar, 2008) no trivial (la diversidad del *cous-cous*[7] frente al profundo significado que el modelo intercultural otorga a la interacción positiva). El reto en esa lógica del nosotros-otros en unas relaciones de dominación y desigualdad está en revelar los nosotros que ostentan el privilegio o el poder. Las políticas mal planteadas que abordan la diversidad corren el riesgo de ser un ejercicio cosmético de atender unas reclamaciones de justicia sin transformar las causas sistémicas que la producen. En este sentido, es oportuno el apunte de Zubero (2023) de que tomarse en serio la diferencia significa no apresurarnos a estar cómodos con ella. Incluso cuando así se hace y se enuncian políticas de diversidad es fundamental preguntarse si parten de una preocupación ética por la desigualdad de las alteridades o si solo responde a un mandato jurídico o legal hacia esos otros que previamente hemos tipificado como tales (Skliar, 2008).

En todo caso, identificar como estructurales los sistemas de dominación y las desigualdades implica pensar también en soluciones estructurales. Y eso implica asumir, si de verdad se quiere ser coherente con principios democráticos y de derechos humanos, que es imprescindible incidir en posiciones sociales, en oportunidades, en reconocimiento, en redistribución de poder y acceso a recursos y bienes. Si no se hace esto, la política no será transformadora y, más allá de los alivios que pueda procurar, no cuestionará el estado de injusticia. De esto es de lo que vamos a hablar en el siguiente apartado cuando se entre en la cuestión de la igualdad.

No obstante —y como apunte final de este—, cuando se habla de gestión del derecho a la diferencia, en buena medida también se habla de identidades (Ruiz Vieytez, 2011). Es un concepto o noción del que de forma intencionada se está intentando prescindir en el mayor grado posible en este texto. Sin embargo, a la hora de pensar en ellas, entre el universalismo ciego a la diferencia y las

7. *Educación Intercultural e Inclusiva. Algunas claves* de Amelia Barquín López. Disponible en: https://labur.eus/wLOu5.

jaulas identitarias, hay quienes apuntan como opción más interesante a la factibilidad de afirmar al mismo tiempo lo compartido y lo singular. Se trata de concepciones situadas de cosmopolitismo. Por citar algunos ejemplos, ahí se encuentran autoras como Avtar Bra, Rosi Braidotti, Marina Garcés o Seyla Benhabib y su "universalismo interactivo". Y también —aunque ella lo hace en un sentido crítico— autores como los referenciados por Mouffe (2016): "El 'cosmopolitismo discrepante' de James Clifford, el 'cosmopolitismo vernáculo' de Homi Bhabha y Paul Gilroy, el 'cosmopolitismo multisituado' de Bruce Robbins, el "cosmopolitismo crítico" de Paul Rabinow, o el 'cosmopolitismo descolonizante' de Walter Mignolo". En buena medida todas estas referencias representan el marco ético requerido por una sociedad democrática y pluralista.

4. DIVERSIDAD E IGUALDAD EN EL CONTEXTO DE LA POSMODERNIDAD Y EL NEOLIBERALISMO

> "Como la nostalgia, la diversidad ya no es lo que era; y el encerrar las vidas en vagones separados para producir renovación cultural o el desperdigarlas en efectos de contraste para desatar energías morales, eso son sueños románticos no exentos de peligro".
>
> Clifford Geertz, *Los usos de la diversidad* (1996)

Un notable número de las referencias bibliográficas reseñadas en este texto insisten en trazar conexiones entre la diversidad y la modernidad/posmodernidad[8] y el capitalismo/neoliberalismo[9] o ambas[10]. En algunos casos se alude a esas conexiones como una coincidencia temporal, en otros se apunta a la causalidad de un hipotético auge de las agendas de la diversidad con el del propio modelo neoliberal. Así, señalan la relación de funcionalidad entre

8. Bauman (2001), Ruiz Vieytez (2010, 2011), Mate (2019) o Bayón Martín y Lanceros Méndez (2010).
9. Hill Collins y Bilge (2019), Altamira (2016), Altamira y Boni (2020), Azpiazu (2023), Dubet (2012), Filigrana (2020), Haider (2020) o González Ortuño (2016).
10. Bhabha (2003), Duschatzky y Skliar (2000), Mouffe (2016), López Penedo (2008) o Bernabé (2018).

ambos y presentan la diversidad como algo que ha contribuido a sustituir la reivindicación dominante hasta ese momento que era la igualdad (Flecha, 1990).

En esta misma línea, Bernabé (2018) realiza un análisis casi monográfico del vínculo entre diversidad, posmodernidad y neoliberalismo. Y si bien señala la existencia de los movimientos feminista, LGTBI o antirracistas con carácter previo al neoliberalismo y su compatibilidad con la reivindicación de la igualdad, su énfasis y reiteración en vincular la diversidad con un mercado, con una trampa o el supuesto menoscabo que ha representado para los análisis y conciencia de clase, hace que sea preciso al leerlo tener en cuenta la facilidad con que se puede dar la vuelta a su argumento señalando "la trampa de la identidad de clase: cómo el marxismo despreció la diversidad y justificó el patriarcado y el colonialismo" (Zubero, 2023).

En todo caso, parece más apropiado, para la finalidad de este texto, constatar la influencia de un sentido de época posmoderno y neoliberal en la forma en que se ha venido interpretando la diversidad y, muy especialmente, las políticas que inciden en su gestión. A este respecto, es reseñable que algunos autores señalan que el hecho de hablar en términos de gestión para referirnos a algo no mercantilizable como es la convivencia es un ejemplo más de la lógica economicista imperante (Bayón Martín y Lanceros Méndez, 2010).

4.1. RECONOCIMIENTO, REDISTRIBUCIÓN, AFIRMACIÓN Y TRANSFORMACIÓN

De hecho, centrándonos en el ámbito de las políticas que se desarrollan en este ámbito, la primera cuestión que se pone encima de la mesa de un modo intuitivo es la de preguntarse por su carácter material o inmaterial. Nuevamente en el contexto de la feroz crítica del neoliberalismo al rol de los poderes públicos y su propuesta de reducirlo al mínimo indispensable (Uribarri, 2007), en no pocas ocasiones las políticas de gestión de la diversidad han dejado a un lado las dimensiones más materiales, económicas o de derechos y se han centrado en aspectos como el lenguaje o la representación (Bernabé, 2018).

De forma más precisa, Fraser (2000) diferencia aquellas políticas que se centran en el reconocimiento, es decir, en luchas de tipo cultural o simbólico, de las de redistribución, que tienen una dimensión material y se vinculan al empleo, la vivienda, la educación, la salud, etc. En ningún caso indica que las de reconocimiento sean algo vacuo o innecesario, solo las distingue en un plano analítico.

De hecho, más allá de debates sobre deconstrucción, resignificación o performatividad muy vinculados a la posmodernidad, es un hecho que el reconocimiento es fundamental para articular cualquier política en este ámbito. Incluso que la forma de reconocer puede o no reproducir o cuestionar los procesos de diferenciación sobre los que se ha construido las otredades o alteridades de las que se ha dado cuenta en las páginas precedentes.

En este sentido, es importante no perder de vista que la forma de representación se produce "dentro de relaciones de poder, por medio de mecanismos de delegación (quién tiene el derecho de representar a quién) y de descripción (cómo los diferentes grupos culturales son presentados). Visibilidad e invisibilidad constituyen en esta época mecanismos de producción de la alteridad y actúan simultáneamente con el nombrar o dejar de nombrar" (Duschatzky y Skliar, 2000). En esta misma línea, Bhabha (2003) explica cómo la percepción de la diferencia cultural y los términos del diálogo intercultural tienen que ver precisamente con "la inscripción del sujeto minoritario en algún lugar entre lo demasiado visible y lo no suficientemente visible".

De un modo más constructivo y propositivo lo expresa, de forma muy gráfica y directa, Tariq Modood (2008) cuando expone que la ciudadanía, además del derecho a ser reconocida también conlleva el derecho a debatir los términos de ese reconocimiento. La aspiración a una plena ciudadanía de las otredades y alteridades conecta directamente con esta cuestión.

A lo largo de este texto, hemos ido identificando el carácter estructural de los sistemas de dominación y sus implicaciones en todas las esferas de la vida. En este sentido, las políticas de reconocimiento inciden, pero lo hacen de forma limitada. Es indispensable compaginarlas con las de redistribución que inciden en la desigualdad socioeconómica de las personas y grupos. Un ámbito donde el resultado de la lucha es un juego de suma cero, esto es, alguien tiene que perder para que otro pueda ganar (Zubero, 2023), y que incidirán en las posiciones sociales que veremos más adelante.

Continuando con Fraser (2000), propone otra dupla complementaria a la anterior con la que comprender y plantear las políticas de gestión de la diversidad: afirmación-transformación. En las políticas de reconocimiento de la diferencia, la identificación personal y de grupo sustituye en buena medida a la condición de clase como motor del conflicto más orientado a la redistribución. Las políticas afirmativas serían aquellas que reproducen esta lógica y que sirven para paliar la situación sin entrar a fondo en las causas estructurales. Las transformadoras serían aquellas en las que se aúnan reconocimiento y redistribución y que, por lo tanto, sí tienen incidencia en los sistemas de dominación.

En este punto, resulta muy elocuente sobre los efectos de las políticas exclusivamente afirmativas la reflexión de López Penedo (2008) cuando, al abordar el caso de la diversidad sexual y de género, señala que ocultar que el reconocimiento e identificación no se produce al margen de las condiciones de posibilidad que otorga el neoliberalismo, está impidiendo tomar conciencia a algunas clases medias que la celebración de su singular individualidad está realizándose al tiempo que se devalúan sus condiciones de vida.

Por último, es importante señalar que las políticas transformadoras implican necesariamente relativizar las pertenencias, complejizándolas, interseccionándolas y haciéndolas más fluidas (Fraser, 2000). En este punto, conviene fijarse en la posibilidad de construir agendas compartidas entre diferentes grupos y colectivos discriminados. Existe un intenso debate en torno a la potencialidad o limitación de esas alianzas, a su carácter estratégico o situacional a partir de intereses parciales; si se debe producir en función de categorías como ciudadanía (resignificada) o a través de otros planteamientos como los cosmopolitismos que citábamos anteriormente.

4.2. IGUALDAD DE TRATO, DE OPORTUNIDADES Y DE POSICIONES

Esta necesaria, positiva y deseable complementariedad de políticas de reconocimiento y redistributivas, en las que se entrelaza tanto el derecho a la diferencia como a la igualdad, lleva a reflexionar en torno a cómo entendemos esta última.

De forma reiterada, a lo largo del texto hemos referenciado el marco del derecho de igualdad de trato y no discriminación. Conviene empezar probablemente por este. Se trata de un principio que, en línea con la dimensión negativa de la convivencia y de la paz referenciada anteriormente, consiste en la ausencia de toda discriminación, tanto directa como indirecta, basada en algunas de las características protegidas[11]. Este principio admite la realización temporal por los poderes públicos de acciones positivas, es decir, "diferencias de trato cuando los criterios para tal diferenciación sean razonables y objetivos" y lo que se persiga sea reducir la desigualdad en el acceso a derechos y bienes de las personas y colectivos históricamente discriminados. La posibilidad de estas acciones está contemplada en diferentes instrumentos y por los mecanismos de derecho internacional, así como en el ámbito europeo y español.

A partir de estas acciones positivas y profundizando en las dimensiones positivas de la igualdad, puede pensarse en la de oportunidades. Son muchas las definiciones que pueden encontrarse, pero casi todas ellas comparten como elementos principales una noción de éxito o desarrollo y que esta se vincule con el mérito, el esfuerzo o el talento. Es decir, que la etnicidad, las creencias religiosas, prácticas o identidad sexual no sean un obstáculo para alcanzarlo.

11. Ibídem.

Si atendemos a la propuesta de Dubet (2012), ese éxito se puede traducir como alcanzar una determinada posición social, así, la igualdad de oportunidades sería "la posibilidad de todos de ocupar cualquier posición en función de un principio meritocrático". Es decir, la igualdad de oportunidades no cuestiona que existan diferentes posiciones sociales ni la distancia entre ellas, sino que busca que sea posible transitar de unas a otras en función del mérito. Esta forma de entender la igualdad la pone en diálogo con otra, la de posiciones, que cuestiona y trata de estrechar las distancias entre las diferentes posiciones incidiendo en las desigualdades de ingresos, de condiciones de vida, de acceso a servicios, de seguridad, etc.

En relación con el abordaje de las diversidades y la discriminación, los sistemas de dominación tienden tanto a situar de forma estructural a las personas y grupos construidos como otredades en las posiciones sociales bajas como a impedir su movilidad entre posiciones.

Si bien Dubet (2012), aun asumiendo que son formalmente compatibles ambas, propone priorizar la de posiciones frente a la de oportunidades, en este texto se opta por la necesaria complementariedad de ambas. De hecho, la mirada desde esas desigualdades estructurales encarnadas que trata de enunciar la diversidad exige abordar de forma ineludible las dos simultáneamente, ya que el hecho radical de la injusticia está en relegar a personas y grupos a la subalternidad, es decir, las relega tanto a la falta de acceso a bienes y derechos propias de las posiciones más bajas como a que tengan que ocupar siempre esa posición.

Poniendo en diálogo la propuesta de Fraser (2000) y de Dubet (2012), el enfoque sería consistente con la necesidad de implementar políticas transformadoras que aúnan tanto reconocimiento de la posición como de redistribución de posiciones. Por otro lado, si Dubet (2012) advierte que al plantear la desigualdad como discriminación se tienden a generar mecanismos de competencia entre víctimas para acceder a las políticas de gestión de la diversidad y a las acciones positivas, también conviene escuchar a Mate (2019) cuando explica que no atender o minusvalorar la importancia y trascendencia de las diferencias de verdad se lleva por delante la propia noción de igualdad. En este sentido, puede ser interesante encontrar nuevamente el equilibrio de afirmar el derecho a la igualdad frente a la discriminación junto al derecho a la diferencia frente a la imposición de la homogeneidad (Ruiz Vieytez, 2011).

En definitiva, reelaborando la propuesta de Gandarias (2017) de no plantear dicotomías que lleven a tener que elegir o priorizar unas opresiones sobre otras, y siguiendo la fórmula de Fraser (2000) de compatibilizar políticas de redistribución y de reconocimiento, parece que sería erróneo tener que elegir o priorizar entre igualdad de trato, oportunidades y posiciones.

4.3. INTEGRALIDAD Y COMPLEMENTARIEDAD

Siguiendo este esquema de complementariedades, en un momento de auge de agendas políticas radicalmente contrarias al reconocimiento de la diferencia, de la diversidad y a profundizar en políticas de igualdad, resulta clave recuperar la propuesta de Saïd el Kadaoui[12]. En ella invita a que las políticas de inclusión de la inmigración formen parte de un conjunto coherente de políticas públicas que, basadas en un enfoque integral de derechos humanos, se encaminen al bienestar de toda la sociedad. Así, sería preciso adoptar un enfoque por el que "se cuida a los que ya están", de forma que las políticas de inclusión de la inmigración sean entendidas "también como una inversión en su bienestar".

A este respecto, tiene sentido recuperar la alerta de Gordon Allport (1962) sobre el contacto intercultural:

> [...] para que el contacto intercultural tenga efectos positivos sobre las relaciones inter-grupales y, en particular, permita superar los prejuicios, este contacto debe producirse en determinadas condiciones: igualdad de estatus entre los sujetos o

12. Ponencia en las XII Jornadas sobre Inmigración e Integración en el País Vasco. Disponible en: https://labur.eus/tyXUQ (minuto 21:00 en adelante).

actores involucrados, algún fin u objetivo en común, cooperación intergrupal y apoyo de las instituciones (autoridades, leyes o costumbres). En ausencia de estas condiciones, cuando las personas se ven obligadas a competir por recursos escasos o cuando desde las instituciones se animan o permiten los discursos anti-inmigración, el conflicto está servido.

Estas advertencias y alertas que se centran en la inmigración pueden, con sus matizaciones, extrapolarse al resto de diversidades y al conjunto de políticas de igualdad y no discriminación que se han ido describiendo a lo largo de este texto. La idea sería que estas políticas de gestión positiva de la diversidad no sean percibidas como islas que priorizan solamente a un grupo de náufragos. Al contrario, tienen que formar parte del esfuerzo de los poderes públicos por atender las necesidades de la sociedad con sus especificidades.

Así, es oportuno, recuperar otra de las reflexiones de Dubet (2012) acerca de la importancia de que la ciudadanía ponga "algo en común lo bastante sólido para que sus diferencias no los amenacen. Deben reconocerse como solidarios aun antes de aceptarse como iguales y diferentes. [...] Como ese imaginario ya no puede ser el de la nación y la cultura 'eternas', no puede ser sino el de los derechos y las necesidades de los individuos".

En definitiva, y como conclusión, es posible una política de diversidad que interprete la igualdad en términos no neoliberales de salvación individual o de competencia por ella entre diferentes grupos. Para ello es imprescindible atender todas las dimensiones de la igualdad: la de trato, la de oportunidades y la de posiciones. Es necesario que las políticas de diversidad no se conviertan en una elección entre reconocimiento o redistribución. Son necesarias ambas. Es fundamental devolver a las políticas de diversidad su carácter transformador de las injusticias estructurales que inciden en la desigualdad de grupos y personas. Es imprescindible analizar cada acción que se lleva a cabo desde los poderes públicos en estos ámbitos desde estos prismas para comprobar si efectivamente están alineados con un enfoque de derechos humanos que pasa inexorablemente por identificar y combatir los sistemas históricos de dominación. Y resulta prioritario que estas políticas se integren con coherencia en un todo más amplio de políticas públicas que atienda las necesidades del conjunto de la sociedad.

Por último, cabe cuestionar si el término adecuado para denominar este tipo de políticas es a partir de la noción de diversidad o de los de la diferencia y la identidad... Este texto se ha ido posicionando y valora como el más adecuado el de igualdad y no discriminación, que conecta agendas históricas de los movimientos sociales, resulta inclusivo de los diferentes tipos de diversidades, dialoga con los diferentes enfoques de la igualdad expuestos, enlaza expresamente con marcos del derecho de larga data también reseñados y señala con claridad la violencia directa, estructural y cultural: la discriminación en función de una serie de características o atributos. No obstante, evitados abusos y malos usos del término diversidad, lo verdaderamente relevante se encuentra en el contenido de las propias políticas, con independencia de su denominación.

BIBLIOGRAFÍA

Agencia de los Derechos Fundamentales de la UE (2019): *Manual de legislación europea contra la discriminación*, Luxemburgo, Oficina de Publicaciones de la Unión Europea.

Allport, G. (1962): *La naturaleza del prejuicio*, Buenos Aires, Editorial Universitaria de Buenos Aires.

Alston, P. (2020): Informe del Relator Especial sobre la extrema pobreza y los derechos humanos acerca de su visita a España, *A/HRC/44/40/Add.2*.

Ayala Cardona, J. A. (2020): "Una aproximación al concepto de diversidad desde la formación de educadores infantiles en Colombia", *Revista de Educación Inclusiva*, 13(1), pp. 92-103.

Azpiazu Carballo, J. (2023): "Colectivo LGTBI y desigualdad", en J. Shershneva, Zabaldu, *Dimensiones desde la desigualdad*, Bilbao, Universidad del País Vasco, pp. 205-226

Bauman, Z. (2001): *La posmodernidad y sus descontentos*, Madrid, Akal.

— (2011): *Daños colaterales, desigualdades sociales en la era global*, Madrid, Fondo de Cultura Económica de España.

Bayón Martín, F. y Lanceros Méndez, P. (2010): "Marco conceptual: secularización y diversidad religiosa", en E. J. Ruiz Vieytez, *Pluralidades latentes. Minorías religiosas en el País Vasco*, Madrid, Icaria, pp. 49-60.

Bernabé, D. (2018): *La trampa de la diversidad*, Madrid, Akal.

Bhabha, H. K. (2002): *El lugar de la cultura*, Buenos Aires, Manantial.

— (2003): "El entre-medio de la cultura", en S. Hall y P. Du Gay, *Cuestiones de identidad cultural*, Buenos Aires, Amorrortu, pp. 94-106.

Comisión Europea (2020): *Plan de Acción de la UE Antirracismo para 2020-2025. Una Unión de la igualdad.*

Comité de Derechos Económicos Sociales y Culturales (2009): *Observación General N.° 20. La no discriminación y los derechos económicos, sociales y culturales.*

Dubet, F. (2012): "Los límites de la igualdad de oportunidades", Buenos Aires, *NUSO. Nueva Sociedad*, 239.

Duschatzky, S. y Skliar, C. (2000): "La diversidad bajo sospecha. Reflexiones sobre los discursos de la diversidad y sus implicancias educativas", *Cuaderno de Pedagogía*, 7.

Flecha, R. (1990): *La nueva desigualdad cultural*, Barcelona, El Roure.

Fraser, N. (2000): "¿De la redistribución al reconocimiento? Dilemas de la justicia en la era postsocialista", *New Left Review*, 0, pp. 126-155.

Gabilondo, Á. (2001): *La vuelta del otro. Diferencia, identidad, alteridad*, Madrid, Trotta.

Galtung, J. (2003): *Paz por medios pacíficos. Paz y conflicto, desarrollo y civilización*, Bilbao, Bakeaz.

Gandarias, I. (2017): "¿Un neologismo a la moda?: Repensar la interseccionalidad como herramienta para la articulación política feminista", *Revista de Investigaciones*, 8, pp. 73-93.

Geertz, C. (1996): *Los usos de la diversidad*, Barcelona, Paidós.

Giménez, C. (2010): *El interculturalismo: propuesta conceptual y aplicaciones prácticas*, Bilbao, Ikuspegi.

Gimeno Sacristán, J. (2000): "La construcción del discurso acerca de la diversidad y sus prácticas", en R. Alcudia, *Atención a la diversidad*, Barcelona, Graó, pp. 11-36.

Landa Gorostiza, J. M. (2023): Igualdad de trato, no discriminación y delitos de odio, en J. Shershneva, *Zabaldu: dimensiones desde la desigualdad*, Bilbao, Universidad del País Vasco, pp. 31-50.

López Penedo, S. (2008): *El laberinto queer: la identidad en tiempos de neoliberalismo*, Barcelona, Egales.

Lumby, J. y Coleman, M. (2007): *Leadership and Diversity: Challenging Theory and Practice in Education*, Londres, Sage.

Mahler, C. (2021): Informe de la experta independiente sobre el disfrute de todos los derechos humanos por las personas de edad, *A/HRC/48/53.*

Mate, M. R. (2019): "Tolerancia y diferencia", *Diálogos, Revista de Filosofía de la Universidad de Puerto Rico*, L, 104, pp. 33-45.

Modood, T. (2008): "A basis for and two obstacles in the way of a multiculturalist coalition", *The British Journal of Sociology*, 59(1), pp. 47-52.

Mouffe, C. (2016): "Democracia, derechos humanos y cosmopolitismo: un enfoque agonístico", *Revista de la Academia*, 22, pp. 6-19.

Ramírez Goicoechea, E. (2007): *Etnicidad, identidad y migraciones. Teorías, conceptos y experiencias*, Madrid, Centro de Estudios Ramón Areces.

Ramos Calderón, J. A. (2012): "Cuando se habla de diversidad ¿de qué se habla? Una respuesta desde el sistema educativo", *Revista Interamericana de Educación de Adultos*, 34(1), pp. 76-96.

Ruiz Balzola, A. (2023): "Conclusiones", en J. Shershneva, *Zabaldu: dimensiones desde la diversidad*, Bilbao, Universidad del País Vasco, pp. 267-274.

Ruiz Vieytez, E. (2011): *Juntos pero no revueltos. Sobre diversidad cultural, democracia y derechos humanos*, Madrid, Maia.

— (2010): "Diversidad religiosa, identidad y derechos humanos en Europa y en la complejidad vasca", en E. J. Ruiz Vieytez, *Pluralidades latentes. Minorías religiosas en el País Vasco*, Barcelona, Icaria, pp. 17-48.

Salomé Resurrección, L. M. (2017): *El concepto 'discriminación estructural' y su incorporación al sistema interamericano de protección de los derechos humanos* [TFM], Getafe, Universidad Carlos III.

Sartori, G. (2001): *La sociedad multiétnica. Pluralismo, multiculturalismo y extranjeros*, Madrid, Taurus.

Skliar, C. (2008): "La pretensión de la diversidad o la diversidad pretensiosa", *Kikiriki, Cooperación Educativa*, 89, pp. 30-37.

Uribarri, I. (2007): "Neoliberalismo", en G. Celorio y A. López de Munai, *Diccionario de Educación para el Desarrollo*, Bilbao, Hegoa, pp. 225-228.

Vertovec, S. (2007): "Super-diversity and its implications", *Ethnic and Racial Studies*, 30, pp. 1024-1054.

Zubero, I. (2012): "Violencia, política e identidad", *Constelaciones. Revista de Teoría Crítica*, 4(4), pp. 325-341.

— (2023): Desigualdad(es) y diversidad(es): elementos para la reflexión, en J. Shershneva, *Zabaldu: dimensiones desde la desigualdad*, Bilbao, Universidad del País Vasco, pp. 9-30.

CAPÍTULO 4

NARRATIVA DEL PROCESO: DOS AÑOS DE ACERCAMIENTO E INVESTIGACIÓN

MAIDER MARAÑA Y FELIX ARRIETA

En sus inicios este proyecto se planteó como una iniciativa con el objetivo de desarrollar algo en lo que las personas jóvenes fueran protagonistas de una reflexión y un debate libre y abierto sobre el significado de la convivencia en clave de presente y futuro, en palabras del propio Gobierno Vasco.

Con apoyo de las personas que actuamos como coordinación y facilitación de todo el proceso, se formularon diferentes vías para llegar a conseguir esa reflexión, que estuviera sustentada sobre las visiones, los registros y los marcos conceptuales y vitales de las personas jóvenes vascas, junto con una idea clave: impulsar espacios de deliberación propia protagonizados por personas jóvenes. Euskadi enarbola a menudo la bandera de la convivencia, pero, en la cotidianeidad de nuestras calles, también se siente por momentos la ausencia de espacios que nos saquen de zonas de confort, que fomenten la empatía y la construcción colectiva.

La iniciativa buscaba también generar una reflexión y un debate con ánimo propositivo, que pudiera traducirse —o no— en un documento de bases y claves para la convivencia en Euskadi. En cualquier caso, independientemente de su resultado final, el propio proceso constituiría ya un importante activo y valor.

Con este objetivo en mente, a lo largo del año 2022 y 2023, se impulsó el proyecto Juventud, Convivencia, Futuro, que combina técnicas de investigación participativas y entrevistas en profundidad con organizaciones, entidades y agentes relevantes del mundo de la juventud, a las que se suman análisis cuantitativos.

Antes de entrar más en detalle en lo acontecido estos dos años, una cuestión clave para comprender lo vivido es saber que desde la institución pública que fomentó la iniciativa se decidió —acertadamente— que este proyecto se desarrollara, por un lado, de manera discreta, esto es, lejos de focos mediáticos y otros que pudieran alterar su devenir y, por otro lado, de manera independiente. Así, quienes facilitamos este trabajo mantuvimos algunas reuniones puntuales con las y los responsables de la institución, orientadas a cuestiones de logística y evolución temporal, pero las y los jóvenes participaron de manera horizontal y libre, sin injerencias por parte de las instituciones. Sin lugar a dudas, el privilegio de poder diseñar, desarrollar y finalizar el proceso en los términos considerados tanto por los facilitadores como por el grupo de jóvenes fue una de las bases que permitió su buena navegación durante esos dos años.

A su vez, es determinante comprender que la base de todo este trabajo se construye a través y alrededor de un grupo estable de hasta 18 jóvenes que conformaron el núcleo de toda la iniciativa: así, el proceso estuvo guiado, dinamizado y sistematizado por ese grupo motor de carácter estable conformado por esos jóvenes, junto a un tándem de facilitación liderado por dos personas de alrededor de 40 años que trabajan en ámbitos académicos, sociales y políticos en Euskadi.

En conclusión, definimos este proceso de dos años a través de la metodología de la co-construcción, donde se han sumado miradas en torno a las bases dialógicas para la convivencia. Esta co-construcción ha combinado tres técnicas de investigación participativa que se han ido triangulando durante todo el proceso: la elaboración de una encuesta, las entrevistas en profundidad a líderes jóvenes y la sistematización de todo ello en un grupo de encuentro (grupo motor) que ha favorecido reflexiones más meditadas y ha guiado el proceso en general.

Adentrándonos en cada una de esas técnicas de investigación, la construcción de este grupo motor ha sido, sin lugar a dudas, el desafío más significativo y permanente de esta iniciativa, lo que ha requerido más atención, lo que ha demandado un cuidado y trabajo meditado y continuo por parte de quienes facilitábamos. Este grupo, compuesto por personas jóvenes en pleno momento vital de cambios, cuestionamientos, idas y venidas, es sin duda lo más rico de este proyecto, lo que genera un cambio sustancial con respecto a otros modelos de investigación social cuantitativos y cualitativos. Pero también ha demandado un compromiso permanente a lo largo de dos años para jóvenes que contaban ya con otros muchos desafíos en su propia realidad vital.

Ese grupo motor ha estado conformado por entre 16 y 18 personas (dependiendo de momentos), jóvenes identificados por los facilitadores, por instituciones educativas y similares, que habían mostrado ya algún compromiso social o que hubieran querido anteriormente participar en otras iniciativas dispares. Existieron dos líneas rojas: debían tener entre 18 y 30 años y residir en Euskadi, y no podían estar adscritos a ningún partido político.

La lógica de esta cuestión se fundaba en el convencimiento de que quienes ya forman parte de otras estructuras específicas, como partidos políticos, tienen sus espacios para contribuir a la construcción de la convivencia o están más identificados y marcados con caminos ya recorridos. El grupo motor, sin embargo, debía constituirse por personas que construyeran desde una mayor libertad.

En definitiva, el grupo motor cumplía una doble función: realizó un trabajo sobre su propia dinámica de confianza interna como grupo, trabajando a partir de las ideas, pero desde una vinculación emocional; junto con su función clave de contraste y sistematización de lo que el proceso fuera generando.

Así, este grupo, que no se conocía entre sí al inicio de esta aventura, se conformó con chicas y chicos que residen en las tres provincias de la comunidad autónoma vasca, que han estudiado o no en la universidad, que hablan o no euskera y castellano, que han nacido en Euskadi o fuera, que tienen diferentes religiones, que se identifican con diferentes etnias y que se ubican en diferentes esquemas ideológicos. Diversas personas que, a través de encuentros semanales, se construyeron como grupo.

El grupo se ha reunido una vez al mes, con carácter estable en un lugar predefinido de la geografía vasca, que iba rotando. El primer encuentro, en enero de 2022, se realizó en el Palacio Aiete, en Donostia-San Sebastián, espacio icónico de la ciudad que hoy en día contiene diferentes iniciativas públicas y sociales de derechos humanos y que, en su momento, fue la residencia de verano del dictador Franco. Ese espacio emblemático inauguró los encuentros, seguidos de otros lugares cargados de simbolismo, como Gernika, Vitoria-Gasteiz, Bilbao, Arantzazu, etc. En todos ellos, se elegían lugares icónicos, donde abordar diferentes lecturas de la convivencia y donde ir generando dinámicas de encuentro (y desencuentro) que habilitaran la reflexión y el debate. La lógica de mover el grupo de un punto a otro de la geografía habilitó también una mejor ubicación y comprensión de la realidad diversa del territorio, además de ofrecerles experiencias nuevas y espacios no conocidos anteriormente por muchas de las personas participantes.

Los encuentros siempre fueron participativos, llenos de dinámicas fomentadas por los facilitadores o los propios jóvenes, con espacios para conocerse mutuamente y otros para trabajar en esa reflexión: trabajo individual, trabajo en grupo, dinámicas de relacionamiento, etc. Un grupo dispar que fue construyendo comunidad, a la par que seguía cada cual lidiando con su realidad vital.

En ese camino del grupo, una vez más consolidado tras los primeros encuentros y después de haber construido un primer acercamiento a lo que se entendía por convivencia, se apostó por abrir incorporaciones al proceso a través de la segunda vía, esto es, emprender el periodo de entrevistas. La lógica era identificar si lo planteado en el grupo era algo también percibido por otras personas clave de la juventud vasca, junto con la lógica de buscar nuevas vías, caminos no planteados por este grupo motor central.

La elaboración de entrevistas en profundidad se entendió como un diálogo con organizaciones, entidades y actores relevantes del ámbito de las personas jóvenes para la obtención de perspectivas y el contraste sobre la realidad que perciben en su trabajo cotidiano.

El grupo, con apoyo de los facilitadores, creó una estructura de entrevista común, de cara a obtener resultados comparables y abordar el proceso desde perspectivas comunes. A partir de ahí, fueron las y los propios jóvenes quienes identificaron a quiénes querían entrevistar. Las premisas fueron que se entrevistaría a una persona de cada partido político presente en el territorio, para entender bien las dinámicas actuales de convivencia en un espacio que vivió directamente la violencia. El sector social, personas activistas o trabajadoras en organizaciones de la sociedad civil, fue otro de los claros intereses del grupo motor. Personas del ámbito cultural y del pensamiento conformaron otro grupo de contraste seleccionado y, por último, se identificó también a algunas personas del mundo deportivo.

En total, 15 personas formaron parte de estas entrevistas en profundidad, realizadas durante 2022, siempre directamente por las y los jóvenes del grupo motor. Esto fue un punto clave: eran ellos quienes debían establecer ese diálogo, para que fuera lo más horizontal y real posible, y construir la entrevista con estos líderes jóvenes de Euskadi. A su vez, también fueron las personas del grupo motor quienes presentaban al resto del grupo lo que obtenían en cada entrevista y quienes han procesado los resúmenes que nos han trasladado por escrito a los dos facilitadores.

Ese proceso no fue siempre sencillo: dudas sobre cómo orientarlo, posibles prejuicios ante las etiquetas que poníamos a quienes íbamos a entrevistar o incluso titubeos ante sus propias capacidades para desarrollar una entrevista así. Las y los jóvenes se fueron poco a poco empoderando, acompañándose en sus entrevistas respectivas y descubriendo el interés de otros jóvenes también por el trabajo que estaban desarrollando ellos.

Estas entrevistas gestaron una base sólida de contraste que permitió al grupo crecer como tal y a cada uno de sus integrantes le dio espacios y momentos que difícilmente olvidarán.

En paralelo, los facilitadores del grupo, con apoyo de la institución impulsora, apostamos por la elaboración de una encuesta, cuantitativa y dirigida a la población general, en la que contrastar variables en torno a la convivencia presente y futura. El diseño de la investigación cuantitativa fue fruto de la colaboración entre el Gabinete de Prospección Sociológica de la Presidencia del Gobierno Vasco y el equipo investigador formado por quienes facilitamos todo el proyecto, trabajando en la formulación temática y de variables del cuestionario. Así, en octubre de 2022 se realizó un "Estudio de percepciones y actitudes sobre la diversidad y la convivencia", a través de 1.314 encuestas telefónicas, y el informe de resultados se publicó en diciembre de ese mismo año[1].

Según el análisis y procesamiento de estos tres ejes avanzaba (grupo motor, entrevistas y encuesta), el grupo de jóvenes apostó, ya a comienzos de 2023, por empezar a pensar en su cierre, en cómo redondear y finalizar su proceso.

Fruto de esas reflexiones surgieron entonces interesantes iniciativas. Una de ellas fue la creación de un decálogo, una suerte de listado donde recoger las bases de su comprensión de la convivencia y que, tras meses de trabajo, se concretó de la siguiente manera.

DECÁLOGO

1. Se entiende la convivencia como un consenso/acuerdo de base en constante gestión construido sobre el respeto mutuo que garantiza un espacio seguro de interacción y relación para crecer y desarrollarse.

2. La convivencia garantiza el respeto por los derechos humanos y por lo tanto la calidad de vida individual y social.

3. Conocer y gestionar la diversidad en todas sus expresiones y desde un enfoque interseccional y feminista posibilita incorporarla a nuestra realidad y vida social, enfrentando los estereotipos y los prejuicios sociales.

4. La convivencia implica el fomento de la igualdad con muchos apellidos —de géneros, oportunidades, origen, etnia, religión,

1. El estudio del Gobierno Vasco Diversidad y Convivencia (diciembre 2022) está disponible en su web: https://lc.cx/xzm73u.

idiomas, clase social, edad, orientación sexual, perspectivas políticas, diversidad funcional, diversidad de cuerpos, y demás diversidades...—.

5. Para la gestión de la convivencia se necesita promover y asegurar la participación de todas las personas en la vida pública.

6. Se requiere de respeto, empatía, diálogo y escucha activa —compartir sin herir—; en definitiva, una apertura de miras consciente para favorecer la promoción de la misma.

7. El ejercicio de la convivencia requiere de un compromiso social e histórico respecto a la construcción de la memoria.

8. Los y las jóvenes vascas reivindicamos la importancia de espacios y plataformas propias para la participación social.

9. La población joven debe de estar incluida y tener protagonismo en los procesos de construcción de convivencia.

10. Concluimos que, a pesar de tener enfoques diversos, compartimos una base común en el entendimiento de la convivencia y sus implicaciones, lo que resulta propicio para su fortalecimiento.

(Jóvenes, Convivencia, Futuro, 2022-2023)

A su vez, se planteó la idea de que, como premio por el camino recorrido, se realizaría un viaje juntos a un lugar donde poder seguir explorando la convivencia desde otras ópticas. De acuerdo con las posibilidades y con esa premisa del tipo de viaje, el grupo partió hacia Bosnia-Herzegovina en julio de 2023, para una semana de trabajo y convivencia, que los llevó a recorrer escenarios de las guerras de la década de los noventa o a analizar las consecuencias de los conflictos en las siguientes generaciones, así como los desafíos que viven en torno a las migraciones internacionales actuales que atraviesan esa región.

Reuniones con líderes y grupos de jóvenes, con instituciones europeas e internacionales presentes en el territorio, con activistas y ONG, que les permitieron ir construyendo y reconstruyendo no solo su conocimiento más cercano sobre la realidad de los Balcanes, sino de la propia realidad, que se analizaba ya desde otra óptica, se reconstruía a través de otras miradas.

Junto con todo eso, un claro ejercicio de convivencia: pasar de reuniones mensuales de una jornada, a vivir a diario y compartir espacio de continuo durante siete días.

Es importante recordar que la propuesta metodológica se basaba en la perspectiva de ir sumando en un grupo central los insumos de lo que se va generando en los caminos cuantitativo y cualitativo, que es, a su vez, lo que ofrece una perspectiva diferente en este proceso. Desde los inicios estuvo claro que sería, finalmente, el propio grupo el que decidiría cuáles eran los *outputs* que el proceso generase y en qué forma se expondrían. Junto al viaje, el grupo decidió que quería compartir su vivencia: eran conscientes de haber formado parte de un equipo con suerte que, además de trabajar mucho, había disfrutado de vivir esta experiencia única y particular. Su apuesta fue la creación de un documental, creado, narrado y guionizado por ellos mismos.

Este documental, bajo el título de *BIZIKIDE(hi)TZAK. Palabras para la convivencia*[2], fue presentado en el acto de cierre del proceso el 21 de febrero de 2024[3], en el Palacio de Aiete, en el mismo lugar que vio nacer a este grupo.

Protagonizado directa y exclusivamente por jóvenes del grupo motor, el documental presenta durante 40 minutos su propia comprensión de qué es la convivencia, partiendo de su experiencia en esta iniciativa. El juego de palabras del propio título —que combina *bizikidetza*, 'convivencia' en euskera, e *hitzak*, 'palabras'— muestra las bases que han conformado el encuentro de estos jóvenes durante dos años.

Su experiencia enseña que la convivencia requiere trabajo y tiempo y que se estructura en formas amplias y diversas, como nos mostrarán también las entrevistas y encuestas.

¿Cómo ha sido el proceso del grupo?

A través de fuentes más o menos personales, pero en su mayoría informales de distintos ámbitos, los jóvenes que

2. Disponible en YouTube: https://lc.cx/KVFynq.
3. Nota de prensa e imágenes: https://lc.cx/fp3ıdT.

conformamos el grupo de trabajo decidimos apuntarnos a esta actividad en torno a la convivencia. Acercándonos a esta cuestión desde diversos contextos sociales, académicos y profesionales, generamos un espacio de debate y construcción. En este proceso pudimos formular y llevar a cabo lo que en un principio parecía un proyecto ambiguo, pero al que pudimos dar forma a fin de alcanzar nuestro principal objetivo: conocer la opinión de los jóvenes vascos respecto a la convivencia.

Sin duda, uno de los elementos a destacar ha sido la heterogeneidad de experiencias, trayectorias y antecedentes de los miembros del grupo. Cada uno ha podido incidir en el debate desde sus preocupaciones e intereses, lo que ha resultado muy enriquecedor a la hora de trabajar sobre los distintos temas que han surgido en las reuniones. Asimismo, la variedad de ideales políticos y concepciones de la sociedad que mostraban los participantes, han hecho posible para los integrantes del grupo conocer y entender realidades ajenas a las de uno mismo, dándose todo ello en el espacio seguro generado desde el comienzo. Efectivamente, algo que hemos agradecido los participantes desde un comienzo y nos ha parecido de gran ayuda en todo el proceso, ha sido la seguridad y la confianza que se ha creado. Tener la oportunidad de poder compartir un espacio donde poder tener una conversación sobre temas tan trascendentales en torno a la convivencia y la diversidad no es algo común, y sin embrago, ha sido algo que el grupo ha valorado mucho durante estos meses. Todo esto ha sido posible porque a pesar de las diferencias mencionadas entre los participantes (en las que incluimos diferencias relacionadas con ideología política, etnia, religión, etcétera), se ha salvaguardado un elemento en común: el respeto.

En ese sentido, además de las tareas realizadas a lo largo de las reuniones, también hemos tenido la oportunidad de compartir momentos más informales, como desplazarnos en grupos más reducidos, ir a comer juntos o mostrarnos canciones especialmente significativas para cada uno. Todo ello, sobre una base de honestidad, respeto y comprensión, han brindado cercanía y fuerza al vínculo del grupo. Es por ello que la importancia de la cohesión de grupo haya resultado ser fundamental, estando reflejado en el trabajo del mismo.

Como último apunte, únicamente resaltar que los lugares que han servido como escenario de las reuniones del grupo también han marcado el desarrollo de estas. Sitios tan emblemáticos como el Palacio de Aiete o el Santuario de Arantzazu han contribuido a crear el contexto idóneo para el debate y la discusión en torno a los temas que entrañan la convivencia.

Contemplando esta experiencia con perspectiva, resulta ilusionante ver que un grupo de jóvenes tan diverso acudiera mes tras mes a reuniones que giraban en torno al tema de la convivencia en Euskadi. Un grupo de individuos que, a pesar de sus diferencias, descubrió que tenían muchas cosas en común. Contrariamente a lo que muchas veces se dice, como jóvenes nos sentimos interpelados en los debates que atañen a nuestro futuro, el futuro de nuestra sociedad. La oportunidad de dar voz a las cuestiones y las causas que creemos relevantes para construir esa sociedad a la que aspiramos ha sido suficiente para que este grupo se haya comprometido con el proyecto, que esperamos no sea el último.

(Texto del propio grupo motor, febrero de 2023)

CAPÍTULO 5

UNA LECTURA CUANTITATIVA SOBRE LAS PERSONAS JÓVENES Y LA CONVIVENCIA: LA INTERPRETACIÓN DE LA ENCUESTA 'DIVERSIDAD Y CONVIVENCIA'

FELIX ARRIETA Y MAIDER MARAÑA

1. INTRODUCCIÓN

Este capítulo analiza las variables extraídas de la encuesta "Diversidad y convivencia" realizada por el Gabinete de Prospección Sociológica del Gobierno Vasco en diciembre de 2022 y cuyo trabajo de campo se realizó en octubre de ese mismo año.

Dentro del proceso "carretilla" diseñado en el proyecto Juventud, Convivencia, Futuro, cobraba especial relevancia la combinación de las técnicas cualitativas (realización de entrevistas, análisis de estas, identificación de discursos y variables) con las técnicas cuantitativas, que permiten universalizar las miradas y resultados. La composición entre el análisis de las variables cualitativas y los datos cuantitativos ha permitido obtener combinaciones entre los discursos concretos y los datos generalizables, y así, volcado todo ello en la lógica del proceso, fijar el rumbo de una forma mucho más veraz.

El proceso de la encuesta comenzó desde el diseño del cuestionario. Se realizó un intenso proceso de trabajo entre el personal técnico del Gabinete de Prospección Sociológica del Gobierno Vasco y los autores de este capítulo para diseñar las preguntas que más se ajustaran a los objetivos de la investigación. Se emplearon preguntas de otros cuestionarios, para comparar resultados;

se formularon preguntas nuevas y, en consecuencia, se generó un formulario que recogía una perspectiva holística sobre la convivencia que pretendía contrastar esta investigación. Además, se consideró que, siendo un cuestionario dirigido a la población en general, merecía la pena detenerse de manera importante en el segmento de personas jóvenes. De este modo, de las 1.314 entrevistas realizadas telefónicamente, el grupo de personas jóvenes tuvo una representatividad reforzada, para que los resultados obtenidos fueran representativos también por grupos de edad[1].

De esta forma, el análisis que se ofrece en las próximas páginas es el resultado de dicha encuesta, recodificado especialmente por grupos de edad, de manera que nos permite analizar las variables obtenidas reflexionando sobre convivencia desde la perspectiva de las personas jóvenes, poner así el foco en el futuro y cumplir el objetivo determinado por la propia investigación.

2. INTERÉS POR LA POLÍTICA, AUTOPOSICIONAMIENTO IDEOLÓGICO

Hace mucho tiempo que el comportamiento político de las sociedades democráticas es objeto de preocupación. El contexto actual, de crisis de la democracia y desafección de la ciudadanía, hace estas cuestiones todavía más interesantes. De entre estos análisis, una de las variables que más atención genera es siempre la del interés de la población por la política, como elemento fundamental para medir la cultura política y el nivel de cohesión de una sociedad.

Sin embargo, el objetivo de este capítulo no es hablar únicamente de la descripción de la sociedad o lo que la política puede representar en términos de cohesión, sino hacerlo en función de dos ejes fundamentales: las personas jóvenes y la convivencia. Para ir interpretando estos dos ejes, las primeras variables de la encuesta nos permiten reflexionar sobre si existen diferencias

1. Tanto la ficha técnica como el informe completo del estudio pueden consultarse en https://lc.cx/Lyerxj.

entre las personas jóvenes y la población en general a la hora de observar al fenómeno político en toda su amplitud. Se añade a esta mirada una lógica clásica en los estudios de opinión de la Comunidad Autónoma de Euskadi: el autoposicionamiento en las escalas izquierda y derecha y nacionalismo.

La primera variable hace, pues, referencia al interés de la población por la política. La Comunidad Autónoma de Euskadi se ha caracterizado siempre por un alto interés por la política, cuestión esta que, a pesar del contexto adverso, y de las múltiples crisis padecidas, se sigue manteniendo en alguna forma.

TABLA 1

INTERÉS POR LA POLÍTICA. POBLACIÓN ADULTA Y POBLACIÓN JOVEN

	POBLACIÓN ADULTA >30	POBLACIÓN JOVEN <30	TOTAL
Muy interesado/a	10,6%	12,5%	10,9%
Bastante interesado/a	30,1%	31,8%	30,3%
Poco interesado/a	34,9%	37,5%	35,2%
Nada interesado/a	24,1%	18,2%	23,3%
NS/NC	0,4%		0,3%
	100,0%	100,0%	100,0%

Fuente: Elaboración propia a partir de datos de la encuesta "Diversidad y convivencia" del Gobierno Vasco, diciembre de 2022.

Tal y como se puede observar en la tabla 1, el porcentaje total de personas interesadas en política en la Comunidad Autónoma de Euskadi es del 41%, frente al 58% que manifiesta tener poco o ningún interés por la política. Aunque el desinterés por la cosa pública ha ido creciendo en los últimos años, el porcentaje de personas que manifiestan algún tipo de interés es relativamente alto y demuestra que la sociedad vasca sigue manteniendo una pulsión de interés y crítica importante respecto a lo que sucede en su propio contexto. Si observamos con más detenimiento los datos segregados en función de la edad, nos encontramos con que estos desmienten una suposición muy extendida socialmente: las personas jóvenes no tienen menos interés en la política que las adultas. Es más, aunque los datos son muy similares, se puede observar que el porcentaje de personas jóvenes que manifiesta tener mucho o bastante interés por la política es mayor (44%) que el de las personas adultas que dicen esto mismo (40%). También se puede observar que hay una diferencia de seis puntos entre las personas adultas que se dicen nada interesadas (24%) y las personas jóvenes que declaran la misma posición (18%).

Esta primera lectura nos deja, pues, la afirmación de que la mirada de las personas jóvenes a la sociedad que les rodea, en cuanto a interés por las cuestiones que se denominan "políticas" (que deberían ser todas las que afectan al día a día de esta) es similar al del resto de personas que conforman la sociedad. No estamos ante un grupo subalterno o un segmento por cuyas actitudes haya que mostrar una preocupación importante. Se trata de un grupo de personas con una actitud similar a la de los demás, y que, por lo tanto, puede generar la misma preocupación que el resto en lo que tiene que ver con las variables de la desafección o la desconexión de las instituciones o la clase política respecto de la sociedad. Pero esta es ya otra cuestión.

La segunda variable, tal y como se puede observar en la tabla 2, hace referencia a la libertad que sienten las personas para hablar de política. Esta ha sido una variable muy controvertida en la Comunidad Autónoma de Euskadi y es posible comprobar ciertos matices si observamos los datos con detenimiento.

TABLA 2

LIBERTAD PARA HABLAR DE POLÍTICA. POBLACIÓN ADULTA Y POBLACIÓN JOVEN

	POBLACIÓN ADULTA >30	POBLACIÓN JOVEN <30	TOTAL
Sí, con todo el mundo	49,7%	52,3%	50,0%
Solo con ciertas personas	36,0%	42,0%	36,8%
No, con casi nadie	11,9%	5,1%	11,0%
NS/NC	2,4%	0,6%	2,1%
	100,0%	100,0%	100,0%

Fuente: Elaboración propia a partir de datos de la encuesta "Diversidad y convivencia" del Gobierno Vasco, diciembre de 2022.

Solo el 50% de la población afirma sentirse libre para hablar de política con todo el mundo. Este porcentaje es algo superior en personas jóvenes (52%) que en personas adultas (50%), aunque no se trata de una diferencia especialmente significativa. También es mayor el número de personas jóvenes que afirma sentirse libre únicamente con algunas personas (42%), frente al de las personas adultas (36%). La diferencia asciende en este caso ya a seis puntos. Son los mismos puntos que separan, en este caso, el mayor porcentaje de personas adultas que no sienten esa libertad con nadie o casi nadie (12%), frente al menor porcentaje en el caso de las personas jóvenes (5%).

Así, aunque la fotografía ofrecida sea muy similar, se puede percibir que las generaciones más jóvenes sienten más libertad para hablar de política que aquellas que van avanzando más en edad. *A priori*, esto puede ser lógico debido a que son generaciones que apenas han conocido el contexto de la violencia y el terrorismo en su peor expresión. En cualquier caso, todavía existe un alto porcentaje de personas que afirma hablar solo con algunas personas, lo que deja en evidencia una característica propia de sociedades polarizadas o que han sufrido heridas importantes que, al margen de la generación, siguen siendo evidentes en Euskadi.

La tercera variable hace referencia al autoposicionamiento ideológico. La tabla 3 hace referencia al autoposicionamiento en clave izquierda-derecha mientras que la tabla 4 lo hace en referencia al nacionalismo. Este doble eje es un clásico en las escalas de autoposicionamiento en los estudios de opinión que se realizan en Euskadi desde hace décadas.

Una primera mirada a la tabla 3 nos lleva a describir a la población vasca como una sociedad que se autodefine en su mayoría como de centro-izquierda. Estos son los principales valores del total, que se reproducen de forma simétrica en ambos grupos de edad, aunque con algunos matices. Hay 11 puntos de diferencia a favor de la población adulta (39%) frente a la población joven (28%) a la hora de escoger el valor 5, que hace referencia al centro político. Esta diferencia va decantándose hacia la población joven según la escala va avanzando más a la izquierda, siendo la diferencia ya de cinco puntos en el valor 2 (7% de la población adulta frente al 12% de la población joven). En los extremos puros, vuelve a ganar la población adulta; un punto por encima en la extrema izquierda y sin representación de la población joven en la extrema derecha, siendo un 1% la de la población adulta.

TABLA 3

AUTOPOSICIONAMIENTO EN LA ESCALA IZQUIERDA-DERECHA. POBLACIÓN ADULTA Y POBLACIÓN JOVEN

	POBLACIÓN ADULTA >30	POBLACIÓN JOVEN <30	TOTAL
Extrema izquierda	7.7%	6.9%	7.6%
1	2.6%	4.0%	2.8%
2	7.0%	12.6%	7.8%
3	15.5%	19.4%	16.1%
4	13.3%	14.9%	13.5%
5	39.8%	28.6%	38.3%
6	3.2%	4.0%	3.3%
7	3.2%	6.3%	3.6%
8	2.3%	2.3%	2.3%
9	0.4%		0.4%
Extrema derecha	1.3%		1.1%
NS/NC	3.6%	1.1%	3.3%
	100.0%	100.0%	100.0%

Fuente: Elaboración propia a partir de datos de la encuesta "Diversidad y convivencia" del Gobierno Vasco, diciembre de 2022.

La variable del nacionalismo que recoge la tabla 4 nos permite hacer una lectura similar. Se podría decir que la sociedad vasca se define, en términos generales, como una sociedad con un importante peso de la identidad nacional, pues es en el 5 y sus valores superiores donde se sitúa la mayoría de la población (63%). Sin embargo, aquí se pueden percibir algunas diferencias significativas entre grupos de edad. En primer lugar, los extremos vuelven a ser significativos. En el valor "nada nacionalista" existen ocho puntos de diferencia entre la población adulta (20%) y la población joven (12%). En el valor "muy nacionalista" esta diferencia es de seis puntos a favor, de nuevo, de la población adulta (10%)

frente a la población joven (4%). Son también significativos los cinco y seis puntos de diferencia que existen a favor de la población joven en los valores superiores de la escala (8 y 9) respecto a la población adulta. En estas dos posiciones, las puntuaciones de la población joven no descienden del 15%, mientras que las de la población adulta se sitúan en un 10% y 9%, respectivamente.

TABLA 4

AUTOPOSICIONAMIENTO EN LA ESCALA NACIONALISMO. POBLACIÓN ADULTA Y POBLACIÓN JOVEN

	POBLACIÓN ADULTA >30	POBLACIÓN JOVEN <30	TOTAL
Nada nacionalista	20.6%	11.9%	19.5%
1	2.5%	2.3%	2.4%
2	3.4%	3.4%	3.4%
3	3.8%	5.6%	4.0%
4	4.2%	5.1%	4.3%
5	20.7%	23.7%	21.1%
6	6.5%	9.0%	6.8%
7	10.3%	15.3%	10.9%
8	9.4%	15.3%	10.2%
9	5.2%	3.4%	4.9%
Muy nacionalista	10.1%	4.0%	9.3%
NS/NC	3.3%	1.1%	3.0%
	100.0%	100.0%	100.0%

Fuente: Elaboración propia a partir de datos de la encuesta "Diversidad y convivencia" del Gobierno Vasco, diciembre de 2022.

Así pues, se podría decir que las personas jóvenes tienen un perfil similar al de la sociedad en su conjunto. Son mayoritariamente nacionalistas vascas y de centro-izquierda, aunque huyen de posiciones extremas. Una vez más, parece que estos elementos vienen a romper clichés e imágenes preestablecidas.

Por lo tanto, las personas jóvenes sienten un interés similar al del resto de la población por la política y se sienten algo más libres que las generaciones precedentes para hablar de ella. En términos de convivencia, se puede afirmar que es ya algo de camino recorrido, aunque queda todavía mucho por recorrer.

3. DEFINICIÓN DE CONVIVENCIA

El proyecto Juventud, Convivencia, Futuro tenía como hipótesis principal que la identificación e interpretación del concepto de convivencia ha variado hacia una concepción más amplia y diversa, en los últimos 20 años, y que esto ha sucedido, sobre todo, en las personas jóvenes. En este sentido, no solo era importante entender si las personas jóvenes sentían interés hacia lo colectivo, hacia lo político, sino si realmente esa visión respecto a una interpretación más amplia del término convivencia se daba de manera más específica en las propias personas jóvenes. Esta definición más amplia tiene que ver no solo con lo que tradicionalmente en Euskadi se ha entendido como convivencia, muy vinculado a las consecuencias del llamado "conflicto vasco" o "conflicto de motivación política" que se dio en Euskadi y Navarra, sino a la convivencia en términos de diversidad o diversidades, cada vez más presente en nuestras sociedades.

Partiendo pues de esta hipótesis, la encuesta realiza una primera aproximación en la que se solicita de manera abierta que las personas encuestadas respondan a qué tipo de problemas asocian el concepto de convivencia. La tabla 5 ofrece los resultados de esta pregunta.

En líneas generales, no hay diferencias significativas en cuanto a las personas jóvenes y la población adulta respecto a la percepción de los problemas asociados a la convivencia. En ambos grupos de edad es mayoritaria la percepción de las desigualdades sociales (23%) como el mayor problema para la convivencia, seguido de los problemas de racismo y falta de integración (14%) y las faltas de respeto e intolerancia (12%). Es revelador cómo ha desaparecido de los primeros puestos, en ambos casos, todo aquello relacionado con la violencia política, cuestión que sucede de forma significativa en ambos grupos de edad.

Más allá de la asociación del concepto con unas u otras situaciones, la definición del concepto puede asociarse de manera más expresa a los valores de la libertad individual, o a valores más vinculados a lo comunitario, como elementos que definen la inclusión en el espacio común. Es lo que se puede observar en las tablas 6 y 7.

TABLA 5

TEMAS ASOCIADOS AL CONCEPTO DE CONVIVENCIA. POBLACIÓN ADULTA Y POBLACIÓN JOVEN

	POBLACIÓN ADULTA >30	POBLACIÓN JOVEN <30	TOTAL
Relacionados con desigualdades de género, machismo, violencia de género	7,9%	9,1%	8,1%
Relacionados con racismo, falta integración, diferencias culturales	13,8%	13,1%	13,7%
Relacionados con orientación sexual o identidad de género	0,4%	1,1%	0,5%
Relacionados con desigualdades sociales, desempleo, condiciones laborales, problemas económicos	23,5%	20,6%	23,1%
Relacionados con conflictos políticos, diferencias ideológicas, decisiones políticas, manifestaciones	7,9%	7,4%	7,8%
Vinculados con consumo de alcohol o drogas	0,8%	0,6%	0,8%
Delincuencia, vandalismo, peleas en la calle, violencia	10,2%	9,7%	10,1%
Bullying (acoso escolar)	0,5%	1,1%	0,6%
Guerra	1,2%	1,7%	1,3%
Relacionados con ruido, tráfico, basuras, suciedad, degradación del entorno cercano	1,5%	0,6%	1,4%
Relacionados con falta de respeto, intolerancia, falta de humanidad, falta de comunicación	11,6%	12,6%	11,7%
Otros problemas	2,9%	2,3%	2,8%
Mala relación entre miembros hogar o vecindad, violencia doméstica, problemas de pareja	4,9%	7,4%	5,2%
Relacionados con salud en general o salud mental o falta de ayuda psicológica, soledad	0,3%	0,6%	0,3%
Relacionados con medios de comunicación, uso de redes sociales	0,4%	1,1%	0,5%
NS/NC	12,4%	10,9%	12,2%
	100,0%	100,0%	100,0%

Fuente: Elaboración propia a partir de datos de la encuesta "Diversidad y convivencia" del Gobierno Vasco, diciembre de 2022.

TABLA 6

BUENA CONVIVENCIA. LIBERTAD FRENTE A INTEGRACIÓN. POBLACIÓN ADULTA Y POBLACIÓN JOVEN

	POBLACIÓN ADULTA >30	POBLACIÓN JOVEN <30	TOTAL
Que cada cual pueda vivir como quiera siempre que no moleste a los demás	38,9%	31,4%	37,9%
Que se comparta una forma de vivir, respetando las diferencias entre las personas	59,9%	68,6%	61,0%
NS/NC	1,2%		1,1%
	100,0%	100,0%	100,0%

Fuente: Elaboración propia a partir de datos de la encuesta "Diversidad y convivencia" del Gobierno Vasco, diciembre de 2022.

TABLA 7

DEFINICIÓN DE CONVIVENCIA. LIBERTAD FRENTE A SOLIDARIDAD. POBLACIÓN ADULTA Y POBLACIÓN JOVEN

	POBLACIÓN ADULTA >30	POBLACIÓN JOVEN <30	TOTAL
Que cada cual pueda tomar decisiones por sí mismo	7,3%	6,2%	7,1%
Que la gente se preocupe de cuidar de las personas de su entorno	17,2%	24,9%	18,2%
Que la gente sienta que forma parte de una comunidad	29,1%	29,9%	29,2%
Que cada persona pueda expresar sus ideas libremente	44,2%	39,0%	43,5%
NS/NC	2,2%		1,9%
	100,0%	100,0%	100,0%

Fuente: Elaboración propia a partir de datos de la encuesta "Diversidad y convivencia" del Gobierno Vasco, diciembre de 2022.

En líneas generales, hablando de convivencia, la sociedad vasca sigue todavía más el modelo de la asimilación que el del *melting pot*[2] anglosajón. Dicho de otro modo, es muy mayoritario entre la población el porcentaje de personas que sigue apostando por el modelo *puré* (61%) (compartir una forma de vivir) que las que apuestan por el modelo *ensalada* (38%) (que cada cual pueda vivir

2. Concepto que se refiere a sociedades multiculturales.

como quiera). Este elemento se acentúa en el caso de las personas jóvenes. La variable que dibuja un modelo de asimilación es ocho puntos mayor en el caso de las personas jóvenes (68%) que en el de la población adulta (60%).

También en la tabla 7 se puede observar que las personas jóvenes apoyan de forma mayoritaria los valores asociados a la solidaridad (sumando un 55% entre el cuidado del entorno y el formar parte de una comunidad) frente a la población adulta, en la que estos valores suman un 46% y, por lo tanto, priman los valores de la libertad.

Así pues, no hay grandes diferencias en lo que se refiere a perspectivas en torno a la convivencia entre personas jóvenes y población adulta, pero se puede observar que las personas jóvenes tienen una visión más comunitaria y solidaria que la sociedad en su conjunto. Puede que la perspectiva de la solidaridad indique una mirada, respecto al tipo de sociedad, que no les lleve a renunciar a cierto modo y estilo de vida, fundamentado en unos valores concretos. En cualquier caso, la lectura general de los datos llevará a una conclusión más certera en este sentido.

4. CONVIVENCIA Y DIVERSIDAD

La perspectiva en torno a la diversidad es otra variable fundamental para entender la lectura completa del concepto de convivencia de las personas jóvenes. Las variables que se exponen a continuación explican no solo la visión sobre la importancia de la diversidad como elemento fundamental de la convivencia, sino el lugar que esta ocupa en la sociedad y en el día a día de las personas encuestadas, con especial atención a las personas jóvenes. En este caso, podemos encontrar algunas diferencias significativas.

La tabla 8 ilustra el tipo de sociedad ideal que prefiere la sociedad vasca. La opción por una sociedad diversa es muy mayoritaria (79%). Sin embargo, merece la pena subrayar que la opción por la diversidad es especialmente significativa en el caso de las personas jóvenes, donde este porcentaje sube hasta el 89%, frente al 78% en el caso de la población adulta. Son 11 puntos de diferencia que expresan el mayor reconocimiento y sensibilidad con respecto a la diversidad por parte de las personas jóvenes frente a la población adulta.

TABLA 8

TIPO DE SOCIEDAD IDEAL. POBLACIÓN ADULTA Y POBLACIÓN JOVEN

	POBLACIÓN ADULTA >30	POBLACIÓN JOVEN <30	TOTAL
En una sociedad diversa, con personas de diferente origen, creencias, orientación sexual, identidad de género, etc.	77,6%	88,6%	79,1%
En una sociedad en la que la mayoría de la gente tenga el mismo origen, creencias, orientación sexual, identidad de género, etc.	17,8%	10,3%	16,8%
NS/NC	4,7%	1,1%	4,2%
	100,0%	100,0%	100,0%

Fuente: Elaboración propia a partir de datos de la encuesta "Diversidad y convivencia" del Gobierno Vasco, diciembre de 2022.

Las siguientes tablas expresan la frecuencia con que las personas se relacionan con personas distintas a ellas mismas. La tabla 9 expresa la frecuencia de relación con personas de distinta orientación sexual; la tabla 10, la frecuencia de relación con personas de distinta cultura o religión; finalmente, la tabla 11 pone el énfasis en la relación con personas de opiniones políticas distintas a las de uno mismo.

TABLA 9

FRECUENCIA DE RELACIÓN CON PERSONAS DE ORIENTACIÓN SEXUAL DISTINTA. POBLACIÓN ADULTA Y POBLACIÓN JOVEN

	POBLACIÓN ADULTA >30	POBLACIÓN JOVEN <30	TOTAL
Con mucha frecuencia	19,2%	37,7%	21,7%
Con bastante frecuencia	28,0%	35,4%	29,0%
Con poca frecuencia	34,9%	22,3%	33,2%
Nunca o casi nunca	16,3%	4,6%	14,8%
NS/NC	1,5%		1,3%
	100,0%	100,0%	100,0%

Fuente: Elaboración propia a partir de datos de la encuesta "Diversidad y convivencia" del Gobierno Vasco, diciembre de 2022.

TABLA 10

FRECUENCIA DE RELACIÓN CON PERSONAS DE CULTURA O RELIGIÓN DISTINTA. POBLACIÓN ADULTA Y POBLACIÓN JOVEN

	POBLACIÓN ADULTA >30	POBLACIÓN JOVEN <30	TOTAL
Con mucha frecuencia	18,0%	24,4%	18,9%
Con bastante frecuencia	24,9%	28,4%	25,3%
Con poca frecuencia	37,5%	35,8%	37,3%
Nunca o casi nunca	18,2%	11,4%	17,3%
NS/NC	1,4%		1,2%
	100,0%	100,0%	100,0%

Fuente: Elaboración propia a partir de datos de la encuesta "Diversidad y convivencia" del Gobierno Vasco, diciembre de 2022.

TABLA 11

FRECUENCIA DE RELACIÓN CON PERSONAS DE OPINIONES POLÍTICAS DISTINTAS. POBLACIÓN ADULTA Y POBLACIÓN JOVEN

	POBLACIÓN ADULTA >30	POBLACIÓN JOVEN <30	TOTAL
Con mucha frecuencia	30,0%	21,0%	28,8%
Con bastante frecuencia	28,4%	29,5%	28,5%
Con poca frecuencia	26,3%	35,2%	27,5%
Nunca o casi nunca	12,2%	13,1%	12,3%
NS/NC	3,2%	1,1%	2,9%
	100,0%	100,0%	100,0%

Fuente: Elaboración propia a partir de datos de la encuesta "Diversidad y convivencia" del Gobierno Vasco, diciembre de 2022.

Es significativo cómo las diferencias entre personas jóvenes y población adulta son importantes en los tres casos, aunque con signos distintos. En las primeras dos tablas, las referidas a la interacción con personas de distinta orientación sexual y distinta cultura y religión, las personas jóvenes tienen porcentajes notablemente más altos en las mayores frecuencias de relación. En el caso de la tabla 9, la relación con personas de distinta orientación sexual en la categoría "con mucha frecuencia" se duplica en el caso de las personas jóvenes (38%) frente a la población adulta (19%). También es reseñable la diferencia de siete puntos que se da en el segundo valor, el de "bastante frecuencia", a favor de las personas jóvenes con un 35%, frente al 28% de la población adulta, dejando entre ambas siete puntos de diferencia. Sucede lo mismo, aunque en menor proporción, con los valores de la tabla 10, en la referida a personas de distinta cultura o religión: hay seis puntos de diferencia a favor de las personas jóvenes en la categoría de "mucha frecuencia" (24%) frente a la población adulta (18%). Asimismo, aunque algo menos, es destacable la diferencia de tres puntos a favor de las personas jóvenes (28%) frente a la población adulta (25%) en los valores de "bastante frecuencia". Finalmente, la tabla 11, la referida a la relación con personas de distinta opinión política, mantiene las diferencias, aunque invierte la relación. En este caso, es la población adulta (30%) la que se relaciona con mucha frecuencia con personas de distinta ideología, frente al 21% de las personas jóvenes, en cuya categoría hay nueve puntos de diferencia entre ambas posiciones.

Esta lectura nos aproxima a una realidad en la que los elementos vinculados a la diversidad étnica, religiosa o sexual están mucho más interiorizados en el día a día de las personas jóvenes que en aquellos que se manifiestan en la discrepancia política o ideológica. Es, no obstante, un pequeño matiz, ya que en todos los casos la relación es frecuente, pero ayuda a poner el foco en aquellas cuestiones que pueden tener más relevancia para las propias personas jóvenes.

Finalmente, el apartado sobre diversidad se completa con la mirada en torno a la inmigración y a los modelos que se deben llevar a cabo en su gestión. La tabla 12 hace referencia a si los esfuerzos por la convivencia deberían ser compartidos entre la población local y la población extranjera. La tabla 13 pregunta si las personas extranjeras son vistas como enriquecimiento para la sociedad en su conjunto.

En general, las posiciones de la sociedad en su conjunto son claras tanto en lo que respecta al esfuerzo compartido por la inclusión como en lo que tiene que ver con entender que las personas extranjeras son un enriquecimiento para la sociedad. También las posiciones entre los grupos de edad están equilibradas en cuanto a estas dos variables, aunque podemos ver alguna diferencia en torno a los dos valores (muy de acuerdo/de acuerdo). Las personas jóvenes se posicionan de forma más clara en el primer valor en ambas variables, aunque la posición es tan clara respecto a la suma de los valores superiores que apenas parece significativo en el cómputo final

TABLA 12

ESFUERZO POBLACIÓN LOCAL Y EXTRANJERA PARA LA CONVIVENCIA. POBLACIÓN ADULTA Y POBLACIÓN JOVEN

	POBLACIÓN ADULTA >30	POBLACIÓN JOVEN <30	TOTAL
Muy de acuerdo	46,3%	55,7%	47,6%
De acuerdo	45,5%	39,2%	44,7%
Ni de acuerdo ni en desacuerdo	4,3%	4,0%	4,3%
En desacuerdo	1,9%	0,6%	1,7%
Muy en desacuerdo	0,4%	0,6%	0,5%
NS/NC	1,5%		1,3%
	100,0%	100,0%	100,0%

Fuente: Elaboración propia a partir de datos de la encuesta "Diversidad y convivencia" del Gobierno Vasco, diciembre de 2022.

TABLA 13

PERSONAS EXTRANJERAS COMO ENRIQUECIMIENTO. POBLACIÓN ADULTA Y POBLACIÓN JOVEN

	POBLACIÓN ADULTA >30	POBLACIÓN JOVEN <30	TOTAL
Muy de acuerdo	22,9%	38,1%	24,9%
De acuerdo	52,9%	44,9%	51,8%
Ni de acuerdo ni en desacuerdo	12,3%	12,5%	12,3%
En desacuerdo	8,7%	3,4%	8,0%
Muy en desacuerdo	1,2%	1,1%	1,2%
NS/NC	2,0%		1,7%
	100,0%	100,0%	100,0%

Fuente: Elaboración propia a partir de datos de la encuesta "Diversidad y convivencia" del Gobierno Vasco, diciembre de 2022.

En resumen, las personas jóvenes tienen una clara perspectiva de la convivencia como diversidad, no solo a la hora de definir el concepto, sino, igualmente, a la hora de interpretarlo y de relacionarse con todo lo que tiene que ver con la diversidad en su día a día. Estos componentes se producen de manera algo más acentuada que en el de la población adulta, aunque se puede afirmar que, en líneas generales, las personas jóvenes comparten la lectura social ordinaria del resto de generaciones, sin expresar una posición rupturista. Se expresan más solidarias y comunitarias que las generaciones previas, aunque no abandonan el modelo de integración asimilacionista, muy presente todavía en la sociedad vasca.

5. CONVIVENCIA Y MEMORIA/CONFLICTO

La segunda variable sobre la que se define la convivencia es, además de la diversidad, la que tiene que ver con la memoria y las acciones para la defensa de los derechos humanos respecto a las consecuencias del conflicto violento de motivación política en Euskadi y Navarra, y las vulneraciones de derechos que supusieron el terrorismo y las violencias acaecidas en él. En este caso, las diferencias entre distintas generaciones son también significativas; en primer lugar, en la percepción que se tiene sobre el propio conflicto y su situación actual y, en segundo lugar, sobre las acciones en torno a la memoria que se están llevando a cabo para su resolución.

TABLA 14

POSICIONAMIENTO ACTUAL SOBRE EL CONFLICTO VASCO. POBLACIÓN ADULTA Y POBLACIÓN JOVEN

	POBLACIÓN ADULTA >30	POBLACIÓN JOVEN <30	TOTAL
Es posible alcanzar una paz definitiva	59,0%	35,8%	55,9%
Ese conflicto permanecerá en el futuro	36,9%	63,1%	40,4%
NS/NC	4,1%	1,1%	3,7%
	100,0%	100,0%	100,0%

Fuente: Elaboración propia a partir de datos de la encuesta "Diversidad y convivencia" del Gobierno Vasco, diciembre de 2022.

La tabla 14 señala el posicionamiento actual en torno al conflicto político en Euskadi. Las diferencias son significativas. Mientras que la mayoría de la población adulta (59%) piensa que es posible alcanzar una paz definitiva, la mayoría de las personas jóvenes (63%), al contrario, afirma que este conflicto permanecerá en el futuro. La diferencia en torno a la paz definitiva es de más de veinte puntos entre ambos grupos de edad (59% en el caso de la población adulta, 36% en el caso de las personas jóvenes), e igualmente significativa en sentido contrario, en cuanto a la permanencia del conflicto. Es un elemento de clara desconfianza de las personas jóvenes respecto a la situación actual y, sobre todo, a lo que queda por hacer en cuanto a las políticas de memoria y convivencia en torno al conflicto vasco.

Es necesario unir a este elemento dos indicadores más. El primero de ellos hace referencia a las acciones institucionales sobre la memoria y refleja un dato claro: el desconocimiento de las personas jóvenes respecto a este tipo de medidas. Tal y como se puede observar en la tabla 15, más de la mitad de las personas jóvenes encuestadas (51%) desconoce que existan acciones institucionales en torno a la memoria y no han oído hablar de ello. Contrasta el dato con el 8% de personas jóvenes que sí ha oído y conoce dichas acciones y con el 40% que, aunque haya oído algo, no tiene muy claro qué es lo que se está haciendo.

TABLA 15

POSICIONAMIENTO SOBRE ACCIONES INSTITUCIONALES EN TORNO A LA MEMORIA. POBLACIÓN ADULTA Y POBLACIÓN JOVEN

	POBLACIÓN ADULTA >30	POBLACIÓN JOVEN <30	TOTAL
Sí, ha oído hablar de ello y conoce las acciones que se están llevando a cabo	23,2%	8,5%	21,2%
Sí, ha oído algo, pero no sabe bien lo que se está haciendo	48,2%	39,8%	47,1%
No, no ha oído hablar de ello	27,7%	51,1%	30,9%
NS/NC	0,9%	0,6%	0,8%
	100,0%	100,0%	100,0%

Fuente: Elaboración propia a partir de datos de la encuesta "Diversidad y convivencia" del Gobierno Vasco, diciembre de 2022.

Esto hace indicar que, aunque exista interés acerca de los temas de memoria y conflicto político, las acciones llevadas a cabo no son conocidas por parte de las personas jóvenes. Esto puede responder a que no se comunican debidamente o que no llegan por los conductos adecuados. Tal vez también por el tipo de acciones implementadas, cuestión que merecería la pena considerar. Parece claro que la falta de interés no es una variable a tener en cuenta, ya que existe un interés por parte de las personas jóvenes respecto a estos temas, tal y como se ha visto y se confirma en la tabla 16.

TABLA 16

POSICIONAMIENTO SOBRE EL RECONOCIMIENTO A LAS VÍCTIMAS DEL CONFLICTO VASCO. POBLACIÓN ADULTA Y POBLACIÓN JOVEN

	POBLACIÓN ADULTA >30	POBLACIÓN JOVEN <30	TOTAL
Las medidas para la memoria de las víctimas favorecen la convivencia	57,7%	73,9%	59,8%
Para tener una buena convivencia es preferible no remover el pasado	33,9%	23,9%	32,5%
NS/NC	8,4%	2,3%	7,6%
	100,0%	100,0%	100,0%

Fuente: Elaboración propia a partir de datos de la encuesta "Diversidad y convivencia" del Gobierno Vasco, diciembre de 2022.

La tabla 16 refleja el posicionamiento de la población en torno a las medidas para el reconocimiento de las víctimas. Aunque la mayoría de las personas encuestadas (60%) apoya que las medidas para la memoria de las víctimas favorecen la convivencia, las diferencias por grupos de edad son claramente significativas. Mientras que para el 58% de las personas de edad adulta las medidas de memoria respecto a las víctimas favorecen la convivencia, este porcentaje aumenta hasta el 74% en el caso de las personas jóvenes. Es una diferencia notable de 16 puntos. En sentido contrario, el porcentaje es 10 puntos superior en la población adulta respecto a preferir no remover el pasado.

Así pues, se puede afirmar que las personas jóvenes tienen interés por saber lo que sucedió y lo que queda por reparar en temas que tienen que ver con el conflicto vasco y las violencias de motivación política que ocurrieron en las últimas décadas en Euskadi y Navarra. Apuestan por políticas de memoria y reparación y necesitan conocer y que se comuniquen bien estas últimas porque, además de lo ya mencionado, tienen un alto nivel de escepticismo hacia el futuro. No tienen claro que este tema se haya resuelto para siempre y esta cuestión es la que insufla, seguramente, ganas de trabajar en el aquí y ahora para cambiar la lógica que se prevé en el futuro.

6. CONVIVENCIA Y REDES SOCIALES

La última de las variables a tener en cuenta para el análisis de la convivencia en personas jóvenes, según la encuesta realizada, es el de las redes sociales. Las redes sociales son una realidad cotidiana para la inmensa mayoría de las personas jóvenes. Muchas veces, lo que sucede en el mundo *online* tiene su reflejo en el *offline*, y viceversa. De hecho, probablemente no es posible ya, a día de hoy, hablar de mundo *offline*, porque las redes interactúan como realidad cotidiana con cada una de las personas que habita nuestra sociedad.

La tabla 17 muestra la valoración que hace la población respecto al papel de las redes sociales hacia la convivencia de la sociedad. La percepción general, con un 58% de valoración, es que las redes sociales empeoran la convivencia de la sociedad. En esto coinciden ambos grupos de edad. Sin embargo, las personas jóvenes son algo más optimistas que la población adulta, ya que el 26%, con 10 puntos de diferencia sobre la población adulta, opina que las redes sociales mejoran la convivencia.

TABLA 17

PAPEL DE LAS REDES SOCIALES RESPECTO A LA CONVIVENCIA. POBLACIÓN ADULTA Y POBLACIÓN JOVEN

	POBLACIÓN ADULTA >30	POBLACIÓN JOVEN <30	TOTAL
Mejorar	16.6%	26.7%	18.0%
Empeorar	58.3%	56.3%	58.1%
Ni mejorar ni empeorar	11.2%	15.3%	11.8%
NS/NC	13.8%	1.7%	12.2%
	100.0%	100.0%	100.0%

Fuente: Elaboración propia a partir de datos de la encuesta "Diversidad y convivencia" del Gobierno Vasco, diciembre de 2022.

Este primer elemento apunta a una valoración negativa en torno al papel de las redes sociales. Si bien es cierto que también hay una mejor valoración positiva, esta puede ser debida a su rol a la hora de conocer gente o establecer nuevas relaciones. En cualquier caso, los datos que se observan en la tabla 18 apuntan también en dirección a la preocupación.

TABLA 18

EFECTO DE LOS PROBLEMAS DE CONVIVENCIA EN REDES SOCIALES. POBLACIÓN ADULTA Y POBLACIÓN JOVEN

	POBLACIÓN ADULTA >30	POBLACIÓN JOVEN <30	TOTAL
Un problema grave, que afecta a la convivencia fuera de las redes sociales	69,3%	85,3%	71,4%
Un problema grave, pero no afecta a la convivencia fuera de las redes sociales	15,2%	9,0%	14,4%
No es un problema grave	9,0%	5,1%	8,5%
NS/NC	6,5%	0,6%	5,7%
	100,0%	100,0%	100,0%

Fuente: Elaboración propia a partir de datos de la encuesta "Diversidad y convivencia" del Gobierno Vasco, diciembre de 2022.

La inmensa mayoría de las personas encuestadas (71%) afirma que los problemas de convivencia en redes sociales son un problema grave, que afecta además a la convivencia fuera de las propias redes. La diferencia vuelve a ser significativa en función de los grupos de edad. El 85% de las personas jóvenes cree que el problema es grave y afecta fuera de las redes, frente al 69% de la población adulta. Esta diferencia de 16 puntos entre ambos grupos puede obedecer a la frecuencia de uso de las redes sociales o a la presencia que tienen estas en el día a día de las personas entrevistadas. Es evidente que las personas más jóvenes utilizan las redes sociales con mayor frecuencia que aquellas de mayor edad y, por lo tanto, pueden visibilizar y analizar las implicaciones de su uso con mayor realismo.

Finalmente, la tabla 19 pregunta sobre la frecuencia con que las personas entrevistadas sufren de violencia o acoso verbal en redes sociales. Las respuestas son también significativas.

TABLA 19

FRECUENCIA DE VIOLENCIA O ACOSO VERBAL EN REDES. POBLACIÓN ADULTA Y POBLACIÓN JOVEN

	POBLACIÓN ADULTA >30	POBLACIÓN JOVEN <30	TOTAL
Mucha frecuencia	28,6%	51,4%	31,7%
Bastante frecuencia	38,5%	38,3%	38,5%
Poca frecuencia	13,5%	7,4%	12,7%
Nunca o casi nunca	6,3%	1,7%	5,7%
NS/NC	13,0%	1,1%	11,4%
	100,0%	100,0%	100,0%

Fuente: Elaboración propia a partir de datos de la encuesta "Diversidad y convivencia" del Gobierno Vasco, diciembre de 2022.

Aunque la mayoría de las personas entrevistadas afirma haber sufrido violencia o acoso verbal en redes con mucha o bastante frecuencia (la suma de ambas alcanza el 70% de las personas encuestadas), es destacable que, entre las personas jóvenes que afirman haber sufrido estos ataques con mucha frecuencia, el porcentaje sea del 51%, frente al 28% de la población adulta. Son 23 puntos de diferencia en una variable que es muy significativa por el uso y la frecuencia que estas suponen para las personas jóvenes en particular.

En resumen, las redes sociales son un foco de preocupación fundamental para la convivencia de toda la sociedad, pero, en particular, de las personas jóvenes. Así lo expresan las personas jóvenes encuestadas y así debe deducirse de su mayor uso y frecuencia, con las actitudes violentas que parecen observar más habitualmente y que pueden extenderse también a otros ámbitos de la sociedad. Es, sin duda, un elemento a tener en cuenta a la hora de analizar el fenómeno en toda su globalidad.

7. CONCLUSIONES

La mirada realizada a la encuesta "Diversidad y convivencia" nos deja una fotografía de las personas jóvenes más parecida a la población total de lo que muchas veces se suele subrayar. Su interés por la política es muy similar, también la manera de entender los problemas sociales y de asimilarlos al concepto de convivencia. Sin embargo, las personas jóvenes están mucho más acostumbradas que el resto de la población a relacionarse en términos de diversidad. Se relacionan con personas distintas a ellas y lo asumen con cotidianidad, entendiendo que una sociedad cohesionada es aquella que acoge estas diferencias como parte de un todo que da forma a su propia identidad. Finalmente, las personas jóvenes expresan una mayor preocupación respecto al reconocimiento a las víctimas del conflicto vasco, quieren saber lo que pasó y quieren que siga habiendo políticas de memoria. Quieren conocer para construir.

CAPÍTULO 6

JÓVENES LÍDERES SOCIALES Y POLÍTICOS SOBRE LA CONVIVENCIA ACTUAL

MAIDER MARAÑA Y FELIX ARRIETA

Como veíamos, este proceso ha apostado por generar espacios de encuentro y diálogo en los que plantear cuestiones sobre la convivencia y sus diferentes ámbitos que, en general, no forman necesariamente parte de las conversaciones cotidianas de grupos naturales que componen el ecosistema de estas y estos jóvenes. A su vez, se ha buscado el encuentro con personas ajenas a nuestros entornos cotidianos, lo que favorece una mirada más amplia que la habitual en nuestra realidad.

En el grupo motor se identificó el interés de escuchar a voces jóvenes vascas que pudieran aportar una lectura propia acerca de la cuestión que abordamos y aumentar los puntos de vista presentes en el grupo motor. Por ello, se decidió impulsar una serie de entrevistas en profundidad, con un guion semiestructurado, y lideradas en todo momento por las y los propios jóvenes del grupo, destinadas a escuchar a personas de 18 a 30 años del País Vasco, de los ámbitos de la cultura, el deporte, el ámbito social y, por último, vinculados a partidos políticos.

Se creó un guion básico compartido que favoreciera, al finalizar el proceso, el contraste y comparativa entre entrevistas, pero que pudiera ser adaptado en función de las realidades, necesidades e intereses de la propia persona entrevistada. Este guion trataba cuestiones como la presentación y contraste de alguna noticia aparecida en medios recientemente y que incluyera algún tema clave en materia de juventud y convivencia. Sumaba preguntas sobre las bases de una sociedad democrática, incluyendo sus valores y principios y la valoración sobre si todo eso se da hoy en día y por qué. Se planteaban también fórmulas para llegar a entender cómo entendía la convivencia la persona entrevistada (feminismo, interculturalidad, ecología, polarización, participación de jóvenes, etc.). Antes de cerrar, se le animaba a compartir una descripción de la sociedad vasca en relación con todo lo hablado, así como a añadir otras consideraciones por parte del entrevistado.

Las personas para ser entrevistadas fueron identificadas, seleccionadas y contactadas por parte del grupo motor, en el caso de los ámbitos culturales, sociales y deportivos. Las y los facilitadores, por su lado, propusieron incorporar la mirada de personas jóvenes que militan en partidos en el País Vasco. Todas las personas entrevistadas lo hicieron de manera voluntaria.

De este modo, finalmente, se realizaron 14 entrevistas a lo largo de 2022, que pretenden mostrar un panorama de lecturas jóvenes actuales acerca de la convivencia. Estas 14 entrevistas, que contaron con 15 personas en total[1], se dividen por ámbitos de la siguiente manera:

ÁMBITO	NÚMERO DE ENTREVISTAS	PERSONAS
Social	6	6
Cultural	2	2
Deportivo	1	1
Político	5	6

Como puede verse claramente, el ámbito social y político copan la mayoría de las entrevistas, mientras que los campos cultural y deportivo han quedado menos representados. Teniendo en cuenta el tema abordado por el proyecto —la convivencia—, es también comprensible este reparto o presencia más significativa de áreas sociales y políticos.

1. En una de las entrevistas participaron dos personas.

Queremos señalar que, en el ámbito social, contamos con la participación de una persona de etnia gitana, una persona migrante, una persona del colectivo LGTBIQ+, una persona con diversidad funcional, representantes de organizaciones sociales grandes y con implementación en toda Euskadi y más allá, así como representantes del ámbito de la memoria y el trabajo posconflicto en Euskadi. De esta manera, se ha buscado obtener miradas diversas que pudieran sumar y garantizar una comprensión holística de los temas a abordar.

Si dividimos a las personas entrevistadas de acuerdo con su identidad de género, hay un 47% de mujeres, frente a un 53% de hombres. Es destacable que, en el campo político, solo una de las seis personas entrevistadas era una mujer, esto es, las representaciones que se han identificado por parte de grupos políticos siguen estando mucho más compuestas por hombres que por mujeres. El único representante del mundo deportivo es también un hombre. En cambio, en el ámbito cultural, las dos entrevistas realizadas fueron a mujeres, mientras que en el campo social tenemos a cuatro mujeres, y dos hombres en asociaciones.

Por territorios, se ha contado con la participación de agentes juveniles de diferentes puntos de Euskadi, pero las personas residentes en Bizkaia o Gipuzkoa han resultado ser mayoría.

Por último, cabe señalar que las entrevistas, realizadas siempre por alguien del grupo motor —de manera que se favoreciera la horizontalidad y las voces de las personas jóvenes—, se desarrollaban en euskera o castellano, siendo el agente entrevistado quien escogía la lengua.

Antes de adentrarnos en el análisis de resultados, es clave recordar que las entrevistas no solo fueron realizadas por las y los propios jóvenes del grupo motor, sino que también fueron ellos quienes procesaron los datos: esto es, el análisis a continuación se basa en los resúmenes aportados por cada joven y, por tanto, parte ya del primer tamiz de traslado y comunicación propuesto por el grupo motor a quienes facilitamos todo el proceso.

1. CONCEPTO DE CONVIVENCIA

A la hora de analizar los resultados de este proceso cualitativo, nos encontramos que en las entrevistas realizadas hay cierta variedad en la forma de concebir una sociedad democrática, pero algunos valores se repiten en más de una ocasión. Uno de los aspectos clave que surgen en diferentes entrevistas, de todos los ámbitos analizados, es el de respeto (en 7 de 14 entrevistas). Este respeto se prioriza especialmente en binomio con la identidad de cada persona: que cada cual pueda ser lo que desee, que se tenga en cuenta al individuo dentro del contexto y se respeten sus derechos. A su vez, algunas personas entrevistadas ligan todo esto con la idea de libertad, y más de uno menciona el famoso lema de que "la libertad de uno termina donde empieza la del otro" o la idea de "vive y deja vivir". En las definiciones de libertad aparece también la idea de que no debe haber unas libertades sobre otras o jerarquizadas.

En este tema de la igualdad, integran no solo la cuestión de la igualdad de género, sino que suman también la realidad de la clase social, la etnia o el origen, además de otras diversidades, enfatizando que todas las personas deberíamos tener las mismas posibilidades y recursos para tener una vida plena y garantizar nuestros derechos.

Otra de las palabras que claramente surge cuando abordan su definición de sociedad democrática es la cuestión de que la igualdad (5 de 14 entrevistas) debe estar en la base de la sociedad democrática y de la convivencia: igualdad y equidad surgen a lo largo de las entrevistas en un número significativo de casos, más allá de esta definición de sociedad democrática.

Esta igualdad va además más allá de una igualdad legal: reclaman una igualdad de oportunidades, una participación y un acceso al conocimiento o información. Algunos la definen como "igualdad real". En algunas de las entrevistas se menciona también el concepto de justicia, como una justicia que garantiza la igualdad, y una igualdad que a su vez garantiza la libertad.

En las narrativas obtenidas claramente destaca una mirada de derechos, siendo estos y su implementación los mínimos que establecen estos jóvenes a la hora de hablar de una sociedad ideal o democrática. Tienen claro que estos derechos deben ser para todas y cada una de las personas, sin dejar fuera a determinados colectivos, grupos sociales o a personas "indocumentadas", esto es, sin exclusión.

De esta manera, si bien la cuestión de los derechos parece ser el campo base, luego hay voces que tienden a enfatizar más la importancia de la igualdad, mientras que otras apuestan más por subrayar la cuestión de la libertad o el respeto. Esto no significa, por supuesto, que ambas ideas sean incompatibles, pero sí que —en general— se ve una tendencia a emplear más claramente una de las dos.

La importancia de la participación se repite a menudo y se manifiesta de diferentes maneras: desde quienes la vinculan con una gobernanza compartida, hasta quienes exigen que esta participación se dé con formación o herramientas que fomenten la conciencia del impacto. Algunas voces enfatizan específicamente la necesidad de habilitar la participación de personas en situación de discriminación, como pueden ser aquellas con diversidad funcional o las personas de otras etnias, además de las personas migrantes o de diferentes clases sociales. De este modo, se reclama una sociedad en la que todo el mundo esté representado.

No faltan las voces que abordan la necesidad de contar con una gobernanza compartida: frente a una clara bajada en el nivel participativo que identifican algunos —y que es muy diferente según el nivel socioeconómico de origen—, apuestan por gobernanzas más representativas y defienden el valor de lo colectivo, en contraposición a unas instituciones que son a menudo muy jerárquicas.

El sentido de pertenencia es otra de las cuestiones que surge en diferentes momentos de las entrevistas. Algunas personas participantes valoran el hecho de formar parte de grupos, como un espacio que les permite compartir y a la vez desarrollarse como personas. Llegan a afirmar que un individuo necesita una comunidad para realizarse. Estos jóvenes consideran que se debería impulsar y recomendar la participación en diferentes grupos.

Por su parte, definen la convivencia como el encuentro entre realidades diferentes, por lo que este cruce y encuentro se debe dar en todos los espacios y garantizando que hablan entre ellos. Marcan, a su vez, que esta convivencia ha de ocurrir entre todos los sectores que conforman nuestra sociedad. Identifican que es necesario convivir con todo el mundo, no solo con los iguales, y que, frente a la segregación, se precisa relacionarse en diversidad.

Por tanto, señalan que, junto a la igualdad, es más que necesario que también fomentemos más el encuentro con diferentes realidades. Esto es, una mayor diversidad es entendida como positiva para la convivencia, siempre y cuando se den las condiciones y recursos para balancear las descompensaciones sociales que hoy en día existen.

De este modo, en general consideran que la convivencia es aceptar a cada cual como es, asumiendo que todas y todos somos diferentes y que la convivencia es aceptar esas diferencias, e ir un paso más allá, garantizando la inclusión. Esto podría estar vinculado claramente a la idea de respeto a las identidades que salía en torno a qué es una sociedad democrática. Estos agentes jóvenes consideran que se trata de vivir sin imponer ni excluir.

Algunas voces jóvenes han demandado que toda sociedad democrática debe impulsar una amplitud de miras. Sale también la idea de la coherencia en estas entrevistas, como otro valor clave en el ámbito de la convivencia, y alguna persona entrevistada llega a mencionar la generosidad. Queremos destacar que solo en una entrevista surge como definición de convivencia la idea de vivir en paz. Una participante señaló también que la convivencia es un acuerdo de mínimos, un consenso de base. Algunos señalan que la convivencia es la posibilidad de vivir bien, vivir sin preocupaciones mayores, con tranquilidad y en libertad.

En alguna ocasión se menciona la importancia de construir "espacios seguros", vinculados a la idea de la clave de la confianza para la convivencia. A su vez, alguna persona participante reconoce que tenemos dificultades para juntarnos con personas que son muy diferentes o totalmente opuestas.

En materia de convivencia, muchos de estos jóvenes que participaron son capaces de evidenciar y ver posibles colisiones o ámbitos de conflictividad que se pueden dar, asumiendo que las respuestas a situaciones conflictivas no son unívocas y a menudo se "enfrentan" diferentes derechos. Son conscientes de que establecer los límites no es algo sencillo. Por ejemplo, algunos de ellos señalan el dilema de si debemos tolerar al intolerante.

A su vez, las y los jóvenes entrevistados señalan la realidad de que, muchas veces, todo depende de la perspectiva, de las miradas que tengamos hacia las situaciones, asumiendo que estas miradas son diversas y requieren de una gestión.

2. ACTITUDES GENERALES SOBRE DIVERSIDAD

Muchos de los agentes entrevistados manifiestan que la gestión de la diversidad, en todas sus dimensiones y comprendida de un modo extenso, es uno de los retos actuales más significativos. La pluralidad o la aceptación de vivir en una sociedad plural salen en alguna de las entrevistas.

En algunos puntos pareciera que los y las jóvenes evidencian más capacidades para comprender las diversidades y asumirlas como inherentes a nuestra sociedad. En materia de diversidad funcional, por ejemplo, indican que la accesibilidad beneficia a toda la sociedad, fomenta la convivencia en la medida en que todo el mundo se beneficiará de ella en algún momento vital.

Afirman, a su vez, que a menudo asumimos como convivencia actitudes que están más cerca de la coexistencia: esto es, cada cual o cada grupo existe por su parte, sin conectarse o generar redes entretejidas, sin empatía. Muchos entrevistados consideran que tendemos a vivir distanciados, separados, en bloques. Ante todo esto, la empatía es una de las palabras que más se repite en boca de estos jóvenes.

La realidad del feminismo atraviesa muchísimos de los encuentros que realizaron los jóvenes con estas personas entrevistadas: un número más que significativo de los agentes se definían como feministas, integraban el feminismo en su discurso o mencionaban cuestiones vinculadas a los derechos de las mujeres, igualdad de género e, incluso, en otro nivel, cuestiones ligadas a la identidad de género u orientación sexual. Algunos llegan a plantear que el feminismo ha ayudado claramente al empoderamiento de las mujeres en ciertos ámbitos. Un participante nos recuerda que el feminismo no es solo cosa de mujeres, sino de todos, y que los hombres tienen también un papel (no protagónico) que jugar.

En este sentido, la cuestión de la igualdad de género no solo sale en diferentes entrevistas entre las actitudes necesarias o las bases clave para garantizar una convivencia social, sino que la desigualdad de género sale mencionada también cuando se apuntan los retos actuales para Euskadi sobre convivencia. Podemos deducir, por tanto, que en general esta generación no tiene dudas sobre la existencia de brechas de género y desigualdades, al menos en su narrativa.

En algunas de las experiencias compartidas por las y los jóvenes, se ve cómo han tenido que luchar en ocasiones contra reticencias en los grupos a la hora de promover la participación de las mujeres. Esto se observa, por ejemplo, en el ámbito cultural, donde aún se invisibiliza la voz de las mujeres; o en el ámbito de los grupos sociales o de ocio, donde también han tenido que impulsar esta participación de las mujeres; o en el campo universitario, donde la selección de la carrera a estudiar viene aún muy marcada por nuestro género. Todas las personas entrevistadas que plantean estas cuestiones llegan a la conclusión de que el camino es evidente y que no hay retroceso posible en la realidad de la participación de las mujeres en esas esferas.

En el campo del deporte se identifica que ha habido un cambio significativo en la inclusión y visibilización de las mujeres, pero que aún existen muchas cuestiones por mejorar, como la cuestión de los sueldos o la imposibilidad de profesionalizarse en muchos casos para las mujeres. De este modo, en el campo deportivo no se considera que exista una igualdad de género. En cualquier caso, también en el deporte este camino hacia la mayor presencia y participación de las mujeres se ve como imparable.

Aparece también, vinculado a la visibilidad de las mujeres, la necesidad de referentes, como un campo donde impulsar y mejorar aún más. Esta necesidad de figuras referentes surge también en el caso de personas representantes de grupos minorizados, donde se demanda un relevo en los modelos o personas referentes, huyendo de la normatividad.

3. CONVIVENCIA Y DIVERSIDAD EN EUSKADI

En general, los y las jóvenes entrevistados consideran que hoy en día no se da claramente la convivencia en casi ninguna esfera en Euskadi. Se llega a señalar que cuando hablamos de convivencia "se nos llena la boca", pero que, luego, en la realidad práctica no se da eso. Algunos agentes llegan a definir nuestra sociedad como clasista, machista, xenófoba o racista.

Para justificar la falta de convivencia ponen varios ejemplos, como la situación de la educación (formal), donde ven una clara tendencia a la falta de convivencia en relación com la infancia procedente de otros orígenes. Es significativo que, siendo jóvenes y no teniendo hijos e hijas en edad escolar, la cuestión de la segregación escolar o la posible discriminación hacia la infancia de otros orígenes es uno de los ámbitos que sale en más de una entrevista.

Otro ejemplo mencionado es la propia convivencia en las calles de nuestros pueblos y ciudades, donde ven que no se da ese cruce e interacción, porque las propias estructuras sociales que conocemos impiden que se creen esos espacios de cruce. En varias entrevistas surge la idea de que las personas migrantes racializadas enfrentan discriminación o desigualdades. De este modo, género, economía, educación (formal)... son los ámbitos que surgen cuando se plantean las necesidades en materia de convivencia.

Algunas voces críticas plantean que en los últimos años se han dado por supuestas algunas cuestiones y que se ha descuidado el educar en valores o la promoción del respeto, generando retrocesos en algunos ámbitos de la convivencia.

En definitiva, ven que la convivencia que se vive hoy en día en Euskadi está marcada por ser una sociedad cada vez más individualista, con tendencia al aislamiento o la falta de solidaridad y apoyo mutuo. Esto es algo inconsciente pero muy generalizado en nuestros días, en donde vivimos "a la carrera" y sin tiempos sociales que garanticen otras formas de encontrarnos, lo que implica a menudo también relaciones menos vinculantes o más superficiales y líquidas.

Es interesante señalar que algunos entrevistados plantearon que ese individualismo también está ligado a un cierto grado de conformismo, que nos impide actuar más, ser más partícipes en la búsqueda de soluciones. Hay quien señala también que el sistema en el que vivimos nos impulsa hacia un hedonismo perverso, que no colabora en la convivencia.

Junto a ese individualismo, se menciona que las personas de determinadas características tienden a juntarse con gente afín. Ligado a la idea de individualismo creciente, algunos definen este paradigma como una falta de empatía y una tendencia a construir paredes.

Los delitos de odio se ven con preocupación y como una muestra evidente de que aún existen personas en nuestra sociedad que no están capacitadas para convivir con quien es diferente a ellos mismos. Los discursos de odio se critican por parte de los jóvenes, que los señalan especialmente hacia el colectivo LGTBIQ+, la gente con ideologías no mayoritarias o determinadas ideologías, y también hacia las mujeres. Las redes sociales se mencionan como un campo fértil para estos discursos de odio.

Asimismo, en el ámbito de la cultura —aunque también en otros—, los resultados de las entrevistas muestran de forma muy evidente la idea de que existen algunas identidades que están en los márgenes, que no forman parte de la centralidad. Muchas y muchos de los jóvenes entrevistados consideraban que ellos trabajan actualmente por dar centralidad a algunas de esas identidades, como puede ser el caso de la mayor visibilización de las mujeres en ámbitos culturales o una mayor participación de personas migrantes o del pueblo gitano, por ejemplo.

Una de las identidades que aflora en algunas entrevistas es la del colectivo LGTBIQ+: en este caso, algunos jóvenes ven que se ha avanzado mucho, pero que aún se debe ir más allá, mientras que alguna otra perspectiva evidencia que se están dando retrocesos y que existe falta de respeto hacia esta comunidad.

La cuestión del uso de la lengua, especialmente en torno al euskera y el castellano, se menciona en algunas entrevistas: personas del ámbito cultural, entre otras, señalan las dificultades de considerar como una buena convivencia la situación actual en la que, a menudo, una persona debe renunciar a utilizar una lengua frente al grupo mayoritario. Advierten que esta situación de diglosia no genera una paridad y que condiciona nuestra convivencia. Por su parte, gente más vinculada a personas migrantes menciona la lengua, desde otro enfoque, a menudo como una cuestión que supone dificultades de inserción.

Si nos centramos específicamente en cuestiones que tengan que ver con la situación de los y las jóvenes y sus posibilidades para construir una vida propia, en diferentes entrevistas encontramos voces que señalan que actualmente la juventud en Euskadi vive con mucha incertidumbre e inestabilidad, que identifican, básicamente de manera más o menos general, con el tema de la precariedad del mercado laboral y la incapacidad de independizarse o emanciparse. En algunas ocasiones, también surge el tema de vivienda como una de las principales preocupaciones de la juventud.

A su vez, alguna persona nos indica que deberíamos también modular o flexibilizar nuestra comprensión de qué significa emanciparse, ya que parece que solo hay una fórmula aceptada socialmente y que prioriza la propiedad privada.

De manera clara, algunas de las personas entrevistadas señalan la cuestión de la interseccionalidad, de manera que, si bien todos los jóvenes sufren precariedad, esta y otras situaciones tendrán más impacto en función del género o del origen de las personas. Esto es defendido claramente por personas pertenecientes a grupos o colectivos minorizados.

Todo esto impide que las personas jóvenes cuenten con planes de futuro o a largo plazo, lo que conlleva riesgos para la convivencia.

En definitiva, se menciona que los y las jóvenes están obligados a enfrentar un cambio permanente, lo que, en contrapartida, consideran que ha hecho que tengamos una juventud más resiliente que, además de todo lo anterior, ha enfrentado —o está enfrentando— las consecuencias de la pandemia de la COVID-19, que se menciona también en algunas entrevistas.

En cuanto a las cuestiones de diferencias entre generaciones, algunos jóvenes ven cambios evidentes: sienten que son una generación más abierta y dispuesta a vivir en la pluralidad. Son también capaces de evidenciar distinciones: saben que hay determinadas luchas que ellos y ellas no tendrán que afrontar tan significativamente como tuvieron que hacerlo quienes vivieron en la generación de sus madres y padres (como, por ejemplo, la lucha por los derechos LGTBIQ+ o la lucha contra una dictadura a nivel estatal) y que tienen oportunidades de aprendizaje, comunicación o movilidad muy superiores a las que existían antes.

Pero, frente a ello, son conscientes de que encaran dificultades nuevas que la anterior generación no vivió, como tomar decisiones clave de fundar una familia o tener una casa en situaciones de precariedad absoluta. Algunos consideran que las condiciones de la juventud se han ido deteriorando, pero otros ven que no necesariamente las generaciones jóvenes actuales vivirán peor que las anteriores.

En una de las entrevistas, se ve también la cuestión de la distancia o enfrentamiento que las y los jóvenes viven respecto a sus progenitores: la "lucha" contra el poder establecido entre padres, madres e hijos e hijas se ve también como un ámbito que influye en la realidad convivencial a esta edad.

A su vez, en general, la gran mayoría de personas entrevistadas considera que las y los jóvenes son mucho más activos y comprometidos socialmente y en materia de convivencia de lo que se presupone. Algunas voces señalaron también que no siempre a las estructuras de poder (incluyendo en ellas al ámbito político y al empresariado —según las personas entrevistadas—) les interesa tener una juventud activa y que se tiende a generar estructuras que desactivan esta posible implicación de personas jóvenes.

Destaca, de hecho, que en varias entrevistas se demanda que la juventud tenga más posibilidades de incidir, que se le deje hacer más. Algunos entrevistados ligan esta cuestión con las necesidades de relevos generacionales que se dan en el ámbito de la cultura y las fiestas, entre otros, pero también en los campos políticos y sociales, donde algunos y algunas de las participantes están asumiendo roles en las juntas o en ámbitos de coordinación y liderazgo, pero sienten que aún no se facilita ese relevo generacional. Es significativo que estos jóvenes también son capaces de validar el camino recorrido por generaciones anteriores y ven la importancia de conocer el trabajo previo, pero consideran que igualmente ha llegado el momento de aportar más por parte de los y las jóvenes.

Ven ejemplos de la participación juvenil en ámbitos de ocio y culturales (organización de fiestas y similares, entre otros) y vinculan también esta participación activa con la idea del sentido de pertenencia. Alguno de los entrevistados ha manifestado, sin embargo, que siente que los jóvenes se implican cada vez menos.

Hablando de cómo es la convivencia actual en el País Vasco, frente a algunas voces que consideran que nuestra sociedad vasca actual no es ni más ni menos convivencial que el resto y que se integra en una lógica más o menos compartida en los países occidentales, otras voces entrevistadas manifiestan que Euskadi, en relación con otros territorios, está mucho más capacitada para tener una convivencia más positiva. Es destacable el caso de los y las jóvenes entrevistados que llegan a señalar que Euskadi tiene una situación diferente a la del resto del Estado español y que consideran que en la CAPV hay una realidad avanzada en materia social, con una sociedad más comprometida y que se moviliza ante las injusticias, pero asumiendo que este compromiso social era mayor en el pasado que hoy en día.

Algunas voces indican que la convivencia es más positiva en municipios más grandes que en pequeños pueblos.

Por último, surgen otros temas o áreas donde trabajar la convivencia, como cuestiones de salud mental (a menudo ligada también a las consecuencias de la pandemia de la COVID-19) o la gordofobia. También resalta la mirada hacia las desigualdades ligadas a las discapacidades o la diversidad funcional y el grupo LGTBIQ+.

En torno a la cuestión de la salud mental, algún participante se atreve a señalar que hay características que se imponen socialmente y a las que la juventud se ve sometida. En más de una entrevista se menciona la cuestión del desarrollo emocional de las personas jóvenes como un reto vinculado a la situación de inestabilidad que viven.

4. DIVERSIDAD POLÍTICA Y CONVIVENCIA

En algunas entrevistas surge la cuestión de los servicios públicos o las políticas públicas. Alguna de las personas entrevistadas considera que estas son muy asistencialistas y que no propician una lectura de derechos en la sociedad. No se dedican, así, a solucionar los problemas de raíz, sino a mejorar las consecuencias. De este modo, no ven que el sistema de cuidados garantice la ruptura o superación de las disparidades sociales.

Algunas personas participantes consideran que existen recursos económicos e institucionales, pero que no se conocen por falta de políticas adecuadas para su difusión. También se llega a indicar que hay una falta de voluntad política para actuar hacia algunos colectivos desfavorecidos. En este sentido, surge la demanda de que las instituciones deberían invertir más en escuchar a las comunidades de diferentes colectivos si se quiere alcanzar la convivencia plena.

Ciertos participantes apuestan por demandar un cambio en la mentalidad de las instituciones hacia las necesidades de la juventud, de manera que la Administración pública sea más eficaz en su apoyo a los y las jóvenes, dotándoles de más posibilidades y vías de desarrollo. Algunos jóvenes manifiestan que las instituciones deben trabajar más en revertir problemas estructurales y garantizar unos servicios de calidad públicos y universales, un acceso a la vivienda y un empleo de calidad y estable. Se reclama en numerosas entrevistas que haya más información y comunicación por parte de las instituciones, porque se entiende que existen servicios y mecanismos que no se conocen lo suficiente.

En aquellos jóvenes que son entrevistados como representantes de partidos políticos, se llega a afirmar que a menudo la política está muy alejada de la realidad social y que incluso esta esfera política puede estar planteando problemas o confrontaciones que ni siquiera existen en la sociedad. Se ve que la crispación política es incluso mayor que la falta de convivencia en las calles, donde el ambiente está más normalizado.

En el grupo de personas provenientes de partidos políticos se observa una clara tendencia a visibilizar que existen personas con ideologías —políticas— diferentes. Asimismo, la idea de consenso surge en sus entrevistas, mientras que no se ve tanto en los otros ámbitos: abogan por huir de adoctrinamientos y apostar por el consenso en materia de ideologías.

En algunas de las entrevistas se menciona la cuestión de la violencia armada o conflicto vasco de anteriores décadas, donde se tiene una lectura de que se han dado pasos significativos y se reconocen la diversidad de miradas y las narrativas diferentes. En estas entrevistas se considera que los y las jóvenes actuales también tienen derecho a realizar su propia lectura de ese pasado reciente. Algunos consideran que la sociedad vasca, por la historia del conflicto armado, ha aprendido gracias a la hostilidad vivida durante décadas, que hace que valoremos más la situación actual.

Personas provenientes del ámbito político señalan que entre la juventud aún se ven las consecuencias de una cierta cultura política que ha fomentado el odio y la persecución en décadas anteriores. Sostienen que es importante contar lo que aquí ha sucedido o los efectos de no poder defender cada cual su opinión política sin consecuencias en la vulneración de sus derechos.

Se menciona también que, para llegar a conclusiones más "humanizadoras" que las de anteriores generaciones, se precisa hablar: ven que los jóvenes tienen un rol que jugar en la construcción de la memoria.

Por su parte, la sensibilidad hacia los cambios que se han dado últimamente en el País Vasco es mucho más claramente identificada por quienes forman parte de partidos más afectados por la violencia política o el terrorismo, que entienden que su vida hubiera sido muy diferente como dirigentes jóvenes de esos partidos hace 20 años, cuando la situación de violencia era dramática.

Si nos centramos en el papel de la juventud en el ámbito político, algunos participantes provenientes de partidos políticos asumen que la gente joven está muy desligada de la política, porque consideran que —en parte— la clase política no ha sido capaz de atraer a la gente joven o vincularse con sus anhelos y necesidades. Sin embargo, otras veces evidencian que los jóvenes sí son activos políticamente, porque hay muchas y muchos jóvenes activos en diferentes movimientos, agrupaciones sociales, barriales y culturales. Un ejemplo claro de que la juventud está comprometida es el auge del feminismo, donde consideran que la población más joven ha tenido un rol inequívoco en la última ola del feminismo. La participación de jóvenes en la visibilización de los problemas vinculados al cambio climático es otro ejemplo.

De este modo, el problema sería que hay cierta desconexión entre los jóvenes, los partidos políticos y las instituciones. Así, los jóvenes tienen ganas de participar y activarse, pero necesitamos reconocer que su forma de compromiso y sus movimientos son diferentes.

Más de un líder político —provenientes de partidos con muy diferente ideología y base social— cree que la juventud sí está en la agenda de las instituciones, pero de un modo insuficiente o limitado y que se han hecho planes y medidas que no han llegado a garantizar una vida plena para los jóvenes. Se menciona también que hay una falta de sensibilidad hacia la importancia o la influencia de la política en la vida de las personas jóvenes.

En cuanto a personas referentes de nuestra sociedad, se afirma que, mientras que posicionarse en temas sociales o hablar públicamente de esferas sociales por parte de referentes deportivos o culturales puede ser bueno para la convivencia, manifestar opiniones políticas por parte de esos agentes públicos puede generar polarización o ir en detrimento de la convivencia. Esto evidencia las dificultades presentes aún hoy en cierta medida para compartir posiciones políticas sin generar tensión.

En materia política, algunos entrevistados señalan cuestiones ligadas al auge de discursos y grupos de extrema derecha y demandan una mayor contundencia en el rechazo a estos y a sus ideas, una necesidad de deslegitimar esas voces, generando líneas rojas. Para ello, entre otros, ven que los medios de comunicación pueden ser efectivos. En cualquier caso, estos jóvenes son conscientes de que existe una parte de la sociedad que se siente representada por esos discursos de ideologías extremas.

Un participante considera que las ideologías extremas pueden resultar atractivas en la juventud en la medida en que promueven una falsa sensación de tener la razón frente al resto. Esas ideologías generan una épica con mucho atractivo para la juventud, construidas con base en enemigos ajenos o externos. Uniéndose en parte a esta mirada, podemos señalar que algún participante consideró que la juventud es de por sí siempre revolucionaria, y que a menudo exige que los cambios sean más rápidos o inmediatos.

5. DIVERSIDAD DE ORIGEN, CULTURA, RELIGIÓN Y CONVIVENCIA

Estas personas jóvenes de Euskadi manifiestan claramente que existen desigualdades hacia personas de otros orígenes: la realidad de la población migrante no les es ajena y subrayan las dificultades que tienen quienes migraron tanto en ámbitos educativos como en el acceso a una participación efectiva en ámbitos sociales, o la realidad de los "choques culturales y lingüísticos" que estas personas pueden enfrentar.

Diferentes participantes afirman claramente que seguimos viviendo en una sociedad racista: esta afirmación surge de manera nítida por parte de representantes del pueblo gitano o personas migrantes que han sido entrevistadas, pero también surge en la voz de diferentes jóvenes que son conscientes de esas desigualdades y situaciones, sin pertenecer a los grupos objeto de esa discriminación.

Las personas de grupos minorizados ven claramente que ellos y ellas tendrán que "demostrar" mucho más en algunos ámbitos, para ser reconocidos o poder acceder a cuestiones clave, como una vivienda.

La conocida como crisis migratoria o la influencia de los poderes internacionales (económicos y políticos) en la situación de personas migrantes se menciona también por parte de las personas entrevistadas. Desde el ámbito social se demanda que las instituciones promuevan una reparación hacia países del sur global y que acepten sus responsabilidades del legado del colonialismo, además de garantizar una llegada segura de inmigrantes.

También se reclama por parte de diferentes grupos (pueblo gitano, migrante, LGTBIQ+ y diversidad funcional, en lo que respecta a estas entrevistas) un mayor conocimiento e información hacia su realidad, su existencia, su historia y sus condiciones vitales, que son invisibilizadas y desconocidas. Alguna participante señala que esta falta de información favorece la aparición de prejuicios y percepciones negativas.

6. REDES SOCIALES Y CONVIVENCIA

Las redes sociales aparecen de diferentes maneras: por un lado, se ve que las agresiones en ese ámbito y la falta de convivencia son comunes, mientras que también se llegan a mencionar las redes en el campo de ámbitos donde podríamos introducir valores que colaboren a mejorar la convivencia, esto es, como herramienta positiva. Se ve, por ejemplo, que la politización o desarrollo ideológico de los jóvenes hoy en día se da en las redes sociales, lejos de la influencia de la televisión o la prensa convencional.

Algunos participantes consideran que la convivencia positiva o respetuosa en redes no existe hoy en día, ya que nos tomamos el privilegio de utilizar ese campo como un espacio donde verter opiniones y juicios, que pueden llegar a ser destructivos. La existencia de *influencers* contaminantes se menciona en alguna entrevista. Los comentarios discriminatorios se plantean además especialmente hacia algunos grupos, como, por ejemplo, las personas del colectivo LGTBIQ+. Frente a esto, se ve la necesidad de trabajar en qué es realmente la libertad de expresión.

También se ve claramente que las redes sociales se convierten en una búsqueda obsesiva de la aceptación de los demás y en la promoción de unas características estéticas específicas a las que someterse. Todo ello genera, asimismo, dificultades emocionales y problemas de salud mental que no colaboran en la convivencia.

A su vez, las redes sociales pueden ahondar igualmente en el individualismo y se considera que están fomentando relaciones menos sólidas, mientras que se reconoce también —en positivo— que nos permiten comunicarnos con personas con quienes, si no, sería imposible generar ese vínculo.

Otra de las herramientas que se considera que puede ser tanto positiva como negativa son los medios de comunicación, que se mencionan por parte de algunos participantes. Se señala que estos medios pueden generar estereotipos o referentes erróneos, con un impacto muy significativo en la infancia y la juventud. También se manifiesta que los medios son claves para luchar contra discursos extremistas. Recuerdan que se necesita una oferta de medios de comunicación que garantice que no solo nos quedemos con lo superfluo (el titular), sino que seamos capaces de luchar contra los fenómenos de la desinformación tan extendidos.

La gran influencia que los medios de comunicación y las redes sociales puede tener en la adolescencia se expresa en más de una conversación.

7. MEJORAS O POSIBILIDADES DE FUTURO

Finalmente, ante las posibilidades o fórmulas para mejorar la convivencia o salir de las situaciones actuales, se alude en diferentes entrevistas a la cuestión de la empatía. Junto a ella, salen ideas como la necesidad de un cambio de mirada, una mayor humildad o la promoción de la solidaridad, junto con la renuncia a nuestros privilegios.

Valoran la importancia de saber plantear los temas: ven que no se trata de silenciar opiniones, sino de ser capaces de compartirlas sin herir al de enfrente. La propuesta de hablar y escuchar, del diálogo, aparece defendida por algunos de los entrevistados como una herramienta clave para el presente y el futuro.

Junto a eso, se entiende en la voz de algunos participantes que todas las partes necesitamos aprender a hacer cambios de posiciones: debemos estar dispuestos a escuchar y cambiar. Consideran también que para convivir mejor es necesario realizar un ejercicio de "desaprender y volver a aprender" para deshacernos de sesgos que tenemos normalizados. Estas afirmaciones han salido tanto en el ámbito social como en el político, vinculadas tanto a cuestiones de diversidad ideológica como de desigualdades sociales.

Estos jóvenes apuntan, en la gran mayoría de las entrevistas, la educación como un ámbito donde ofrecer y enseñar valores que consideramos buenos para la convivencia. Esa educación, que debe impulsar el aprendizaje de valores compartidos y habilidades para la convivencia, ha de empujar también hacia una búsqueda activa de la verdad, la promoción de la información y el contraste. Esto es, algunos mencionan la importancia de fomentar una capacidad crítica a través de la educación y fomentar valores constructivos. Alguno señala que necesitamos educar en erradicar el odio que aún existe en nuestra sociedad.

A su vez, tienen una mirada amplia de la educación, que entienden como formación a lo largo de toda la vida, y no solo durante la infancia o adolescencia. Si bien la mayoría habla de educación formal, algunos participantes mencionan también otros campos, como la educación que recibimos en la familia.

Alguna persona participante plantea que es necesario educar en positivo, no saturar a la gente de malas noticias, sino también reflejar buenas prácticas. Indican también que, para garantizar una convivencia, los procesos educativos deben impulsar una prevención del conflicto y promover más capacitaciones en materia de empatía con el otro y sus circunstancias vitales.

CONCLUSIONES

FELIX ARRIETA Y MAIDER MARAÑA

La convivencia es una de esas realidades que no se nota, que escasamente es percibida, hasta que nos falta, hasta que no nos representa. La convivencia fue, es y, por lo que parece, será una cuestión que importa a las diferentes generaciones. Las personas jóvenes no son ajenas a las lecturas sobre qué significa vivir en sociedad, sobre cómo construimos la realidad de nuestro día a día respecto a otras y otros.

Pero mientras que la convivencia y la inquietud por garantizarla es común, es evidente que las generaciones la comprenden y definen de diferentes maneras: con bases que a menudo se trasladan de unas generaciones a otras, pero con temas de inquietud y cuestiones que son nuevas, diferentes o no tan percibidas en otras épocas.

En 2021, comenzamos a dar forma a una idea que implementaríamos a principios de 2022: un grupo motor de personas jóvenes que escuche, trabaje y exprese cuál es la forma en que se percibe hoy en día la convivencia, no solo como descripción de la realidad presente, también como prescriptor de los retos de futuro. El proceso de dos años que hemos vivido, junto con las entrevistas, encuentros y encuestas, nos ha demostrado que la juventud actual en Euskadi tiene una comprensión de la sociedad mucho más poliédrica que anteriores lecturas generacionales; viven con mayor asunción y realidad la diversidad de orígenes, la diversidad funcional o las diversas identidades de género o de orientación sexual, entre otras. Su panorama vital les ha hecho mucho más conscientes de todas las distintas formas de ser y estar que existen hoy en día.

Aunque la lectura de que las desigualdades sociales nos rompen como sociedad cohesionada es una lectura compartida entre distintos grupos de edad. Las personas jóvenes ven claramente que existe racismo, que aún somos intolerantes o que no todas las voces tienen la misma consideración social. Su posición en el mundo se define a menudo desde parámetros que eran ajenos en anteriores épocas, como el feminismo. En definitiva, la opción por la diversidad es especialmente significativa entre quienes hoy tienen de 18 a 30 años.

Frente a ello, en Euskadi no existe lugar a dudas: el reciente (pero no tan reciente para las generaciones jóvenes) conflicto de motivación política que impactó de manera contundente en Euskadi es un hecho que se vive de manera absolutamente diferente por las y los más jóvenes. Son conscientes de su existencia, todas y todos mencionan conocer "algo". Pero, a partir de ahí, la sensación de haber enfrentado un silencio también se impone en esta nueva generación.

Quizá, por ello, llegan a afirmar en las encuestas que el conflicto de origen político permanecerá en el futuro. Hay una demanda de esta generación por saber más, por conocer más sobre la memoria reciente de nuestro territorio, por construir lo narrativo de nuestro pasado más reciente. Las personas jóvenes, en contra de lo que habitualmente se dice, tienen interés por saber lo que sucedió, pero quieren conocerlo desde su propia valoración como ciudadanas que tienen conciencia propia, ideas sobre lo que es convivir, apuestas de futuro. No quieren ser meros receptores de información sobre lo que las generaciones más mayores vivimos u opinamos.

Necesidad de convivir. Necesidad de espacios de encuentro, de conocerse y reconocerse. Esto es, quizá, lo que ha atravesado todo este proyecto, en el grupo motor, en las entrevistas en profundidad. Una voluntad de participar, de estar, de aportar como ciudadanas, junto con un interés real por ver y comprender otras realidades, de otras y otros jóvenes, y de otras generaciones.

Las personas jóvenes sienten que tienen mayores espacios de encuentro, aunque quienes han participado en este proyecto han sido también conscientes, todas ellas, de que esta experiencia les abrió muchas puertas que antes no sabían ni que existían. El contacto con otras personas diferentes les hizo entender que todas y todos ellos seguían viviendo sin conocer muchas de las realidades existentes.

Al comienzo del libro afirmábamos que la convivencia ha sido una inquietud durante largos años en este país. Aunque el contexto ha cambiado, también los protagonistas, estamos seguros de que lo seguirá siendo. Por un lado, porque, tal y como hemos visto y analizado en las páginas precedentes, se trata de un concepto polisémico cuya significación varía y aumenta, hasta abarcar realidades poco presentes en años anteriores. Por otro lado, porque esto exige un trabajo constante y continuo en la comunidad, desde las relaciones informales, desde el activismo y las actitudes, desde la conciencia de que una sociedad justa y cohesionada necesita liderazgos sociales que ayuden a que esto sea posible. Pero exige también políticas públicas que trabajen la memoria, la reparación y la diversidad. Exige tener claro que, aunque no se identifique como uno de los principales problemas sociales, no se podrá conseguir lo dibujado en estas páginas sin una política con orientaciones claras, dotada de recursos y con liderazgo transformador que quiera hacer posible otra realidad social. Las personas jóvenes han dejado claro que quieren hacerlo. Recojamos el guante.

SOBRE LAS AUTORAS Y LOS AUTORES

Felix Arrieta
Doctor en Ciencias Políticas y de la Administración. Profesor de la Universidad de Deusto. Investigador del Equipo "Deusto Valores Sociales" que representa a España en la Encuesta Europea de Valores. Ha sido presidente del Consejo de la Juventud de Euskadi (EGK) (2007) y asesor de la diputada de Política Social de la Diputación Foral de Gipuzkoa (2007-2011). Ha liderado varios proyectos de investigación en convocatorias competitivas y concertadas en colaboración con instituciones públicas y entidades del tercer sector. Sus principales áreas de especialización son las políticas sociales y la organización social del cuidado, áreas en las que posee publicaciones y contribuciones científicas. En 2019 publicó el libro *El archipiélago del bienestar* (Catarata), sobre la gobernanza del sistema de servicios sociales en el País Vasco, y en 2023, *Zaintzaren hariak. Ohial berri baterako bideak ehuntzen* (Elkar). También ha sido coeditor, junto a Grace Boffey, del libro *Hacia la reconciliación* (Catarata, 2019). Es colaborador habitual y analista en diversos medios de comunicación, como *Euskadi Irratia*, *El Diario Vasco* y *Berria*. Ha sido director del Máster en Intervención con Personas en Situación de Vulnerabilidad y Exclusión Social de la Universidad de Deusto. Junto con Maider Maraña, lideró y facilitó el proceso Juventud, Convivencia y Futuro entre 2022 y 2024.

Maider Maraña
En la actualidad es la directora de la Fundación Baketik, organización vasca dedicada a promover procesos de transformación social y resolución de conflictos desde la base de los derechos humanos. Como consultora independiente, promueve también la incorporación de los derechos humanos y la no discriminación en diversas políticas públicas para organismos internacionales como la UNESCO y la Comisión Europea, gobiernos locales y asociaciones. Licenciada en Historia y máster en Investigación en Derecho de la Cultura, se ha especializado en los derechos culturales: sus investigaciones y trabajos abordan políticas públicas en memoria y cultura, equidad, género y participación social. Trabajó durante años para organizaciones internacionales como la UNESCO, tanto en su sede en París como en Uruguay. Ha sido coordinadora e investigadora de la Cátedra UNESCO de Paisajes Culturales y

Patrimonio (Universidad del País Vasco) y cabe también destacar su trabajo en ONG, como UNESCO Etxea-Centro UNESCO del País Vasco, entre otras. Ha desarrollado numerosas actividades docentes y cuenta con diferentes publicaciones, como *Cultura y Desarrollo. Evolución y perspectivas* (2010), *Patrimonio y Derechos Humanos* (2015) o *Cambio climático: amenaza a los derechos humanos* (2020). En Catarata ha sido coeditora del libro *El futuro de las lenguas. Diversidad frente a uniformidad* (2008) y codirectora de la Colección Ensayos UNESCO Etxea. Actualmente es miembro del Patronato de la Fundación Interarts, de la Junta de AIPAZ y de la Junta de la Coordinadora Estatal de Mentoría Social, entre otras labores voluntarias. Junto con Felix Arrieta, lideró y facilitó el proceso Juventud, Convivencia y Futuro entre 2022 y 2024.

Sergio Campo Lladó
Ha desarrollado labores de consultoría y de carácter técnico en diferentes centros e instituciones, como Biltzen, el servicio de interculturalidad del Gobierno Vasco; Hegoa, Instituto de Estudios sobre Desarrollo y Cooperación Internacional adscrito a EHU/UPV; y Bakeaz, Centro de Documentación y Estudios para la Paz. Asimismo, mantiene un compromiso militante con el movimiento pacifista vasco y los movimientos en favor de los derechos de las personas LGTBI.

Ainhoa Gomez Izagirre
Graduada en derecho, especializada en gobernanza y derechos humanos. Siendo adolescente empezó a interesarse en movimientos sociales y en la sensibilización de la cultura de paz. Actualmente ejecuta proyectos de paz y convivencia en el Consejo de la Juventud de Euskadi (EGK).

Eider Landaberea Abad
Doctora en Historia por la Universidad de Deusto y profesora titular de la misma universidad. Su área de investigación principal es la historia contemporánea del País Vasco. Ha investigado, tanto en solitario como en equipo, en el ámbito de la historia política y en el análisis de los discursos políticos durante la Transición en Euskadi, así como en temas relacionados con la memoria y la identidad colectiva. Entre sus publicaciones destacan: *Los nosotros en la Transición: memoria e identidad en las cuatro culturas políticas del País Vasco, 1975-1980* (Tecnos, 2016), fruto de su tesis doctoral premiada con el Premio Extraordinario Ignacio Ellacuría a la mejor tesis doctoral de la Universidad de Deusto (2013-2014), o el artículo "España, lo único importante: el centro y la derecha española en el País Vasco durante la Transición" (*Historia del Presente*, 2012), entre otros. En los últimos años ha participado en distintas obras colectivas sobre la memoria del pasado reciente de violencia política en Euskadi. Muestra de ello son los trabajos *Hacia la reconciliación: una mirada compartida entre el País Vasco y Colombia* (Catarata, 2019) o *Violencia política, derechos humanos e historia* (Tirant lo Blanch, 2022). Asimismo, ha colaborado con varias instituciones públicas vascas en distintos proyectos sobre paz y convivencia como *Bizikidetza Lantzen* (Diputación Foral de Gipuzkoa, 2022) y *Begiradak: bases compartidas para la construcción social de la memoria en Euskadi* (Gobierno Vasco, 2022).